수상한 가족사

국립중앙도서관 출판예정도서목록(CIP)

수상한 가족사 : 창작21작가회 2018 작품집 제2호 / 지은이: 문창길 외. -- 서울 : 들꽃, 2018
p. ; cm. -- (들꽃동인선 ; 49)

ISBN 978-89-6143-202-3 03810 : ₩13000

문집[文集]
한국 현대 문학[韓國現代文學]

810.82-KDC6
895.708-DDC23 CIP2018007863

| 들꽃동인선 49 | 창작21작가회 2018년 작품집 |

수상한 가족사

2018년 3월 10일 초판인쇄
2018년 3월 17일 초판펴냄

지은이/문창길 외

편집위원/김은옥 강준모 윤선길 임향자

펴낸이/문창길

펴낸곳/도서출판 들꽃
주 소/04623 서울 중구 서애로 27(필동3가 28-1) 서울캐피탈빌딩 B202호
전 화/02)2267-6833, 2273-1506
팩 스/02)2268-7067
출판등록/제5-313호(1992. 5. 15)
E-mail:dlkot108@hanmail.net

값 13,000원

ISBN 978-89-6143-202-3 03810

들꽃동인선 49

수상한 가족사

| 창작21작가회 2018년 작품집 제2호 |

들꽃

문학의 존재 의미는 시대정신 구현에 있다

새로운 봄이 시작되고 있다. 이 봄이 주는 의미만큼 우리 사회가 포근하고 따뜻해졌으면 좋겠다. 지난 한 해 우리 사회 구성원 모두에게는 참으로 감동어린 순간과 민주 시민으로서의 자부심을 갖게 하는 일들이 있었다. 광화문 촛불광장에서의 질서있는 적폐청산 요구와 잘못된 대통령의 탄핵을 통해 새로운 민주정부의 탄생을 가져온 것이다. 오랜만에 느껴본 광장문화의 자유로움과 주요 이슈를 통한 시민들과의 공감대 형성, 일찌기 경험할 수 없었던 평화적 질서의식은 한층 우리 국민들의 의식 수준을 고양시켜 놓았다. 덧붙여, 어린 아이들은 물론 나이든 어르신들까지 세대와 계층을 넘는 광장에서의 공동체문화는 전세계 언론을 통해 소개되기까지 했다. 원래 우리 민족은 개방적이고, 신명나는 공동체문화를 갖고 있다. 이러한 전통문화는 계속 계승 발전시켜 나가야 할 것이다.

그동안 역사와 시대정신을 반영하면서 창작활동을 해온 창작21작가회는 지난 촛불정국에서 광화문광장의 촛불행진과 박근혜 탄핵운동에 적극적으로 참여하였다. 문화예술계 블랙리스트 진상규명과 표현의 자유를 주장하는가 하면 적폐청산과 '이게 나라냐'를 외치기도 했다. 사실 본회는 노동자, 민중을 대변하고, 남북 분단해소와 평화통일을 위한 창작 활동과 문학운동을 오래전부터 실천해 왔다. 또한 이주노동자와 일본군위안부로 고통받은 할머니들을 위한 문학콘서트와 시낭송회 등을 추진해 왔다. 이러한 활동은 곧 문학이 민중과 함께 해야 한다는 기본 정신이 담겨져 있기 때문이다. 문학이 또는 창작품이 작가들의 정신적 고뇌의 산물이긴 하지만, 그 존재의 의미는 곧 사람이 중심이 되어야 한다는 전제가 필요한 것이다.

창작21작가회는 위에서 언급한 바와 같이 문학의 실천정신과 현장성을 구현해나가고자 각별한 노력을 하고 있다. 이에 따라 연간집 2호 발간도 그 취지와 진정성있는 문학을 담보해 나가기 위한 성과물로 평가할 수 있다. 1집에서 시인들만 발표했던 것과는 달리 이번에는 시를 비롯한 소설과 수필 부문의 회원 작품들을 발표하였다. 각 회원들의 각고의 노력 끝에 발표되는 이번 작품들이 문학계는 물론 독자들의 많은 호응과 평가 받기를 기대한다. 더불어 우리 회원들도 자기 작품에 대한 엄격하고 객관적인 평가와 성찰하기를 바라마지 않는다. 끝으로 이번에 미처 작품발표를 하지 못한 회원들에게는 다음 작품집에 꼭 훌륭한 작품이 발표하기를 바라면서 이번 작품집에 적극적으로 원고를 내주신 회원 여러분들께 진심으로 감사를 드린다. ■

2018년 3월 17일

대표 문 창 길

| 소설 |

| 수필 |

[시]

고백 외 2편

강 준 모

물이 잔잔하게 눕는다
도토리 깨물어 주면 잉어는 눈 한 번 찡그린다
수면 아래를 담당하는 수문지기
비단 비늘은 꼬리를 치며
물의 그림자를 끌고 들어간다
물거품이 열리며
차가운 침묵이 아가미를 스친다
연신 바닥의 허기들을 뱉어낸다
푸르게 죽어간 물의 시신들
수면에 도착한 단풍잎이 젖어든다
바람에도 쉽게 출렁이는 살결들
시간은 물 속에서 재생되고 있다
왈칵, 연못의 배꼽이 바람을 삼킨다
빗방울이 급히 수면을 두드린다
물은 비를 동그랗게 복사하는 중이다
뼈 속을 침투하는 한기들
잉어가 허연 비늘을 꿈틀거린다
슬픔이 비로소 몸을 연다

오래된 모자

탑골공원에는 탑승을 거부하지 않는
벤치가 오래 앉아 있다
그 나이엔 원래 아프지
그에게 유일한 친구 지팡이가 기대어 있다
석양은 이 때쯤이면 말이 없어지지
그림자는 낙엽처럼 중력 밖으로 떨어지고
차라리 미친 척 하고 바닥에 누워 구걸할 수도 있었지
햇빛은 아직 그의 품안에 오래 앉아 있다
탑에 비하면 새파란 나이지
근엄한 동상 밑 조화가 키득거린다
지나온 세월의 모서리가 구겨진다
그는 관리 사무소 지붕처럼 점점 등이 굽지만
주름지고 오똑한 콧날이 고집스럽게 바람 앞에 선다
버스 정류장 탑승 속도에 헛걸음질 하고
자꾸 도망가는 택시처럼 이탈하는 머리카락
두 손으로 꼭 감싸며 그는
종로3가 전철역 가파른 계단을 내려간다

대학병원 휴게실에서

환자들은 링거액을 깃발처럼 걸고
인기 드라마 앞에 쭉 둘러앉아 있다
링거액은 느리게 통각으로 떨어진다
아픔은 잠시 숨을 죽인다
링거액을 표주박처럼 매단 아이가
휠체어에 실린 채 엘리베이터 앞에 멈춘다
숫자 속에 갇힌 시간들이 더디게 움직인다
자판기에 동전을 넣으니 커피가 피처럼 흐른다
아스피린 먹은 피는 잘 멈추지 않는다고 한다
몸이 아프니 마음이 심장을 찾는다
의사가 아내의 심장을 꿰매려면
부작용이 적은 환자의 살을 덧댄다고 한다
살이 살을 위로하는 밤이다
링거액은 가까스로 방울져 혈관으로 건너간다
혈관은 맥박을 운반하고 있다
휴게실의 화초들이 어둠을 두리번거리고
폐를 잘라낸 605호 환자는 가습기처럼 웃는다
유리창에 네온싸인이 무성하고
영혼이 비로소 몸을 찾는 밤이다

병동 휴게실의 시계 바늘은
링거액처럼 띄엄띄엄 건너가고 있다

강준모: 경희대학교 및 대학원 국어국문학과 졸업. 2017년 『창작21』 시부문 신인상으로 등단.

빛 외 2편

김 권

나무들은 해지는 방향을 향해
조금씩 기울어져 산다
사람들 마음도
따라 기운다

나무들이 얇은 손으로
아침저녁 옷을 갈아입는다
우리는 종종 아웃 포커싱 된 유리창 밖으로
나목의 수화를 훔쳐본다

모든 유리창은 하오 4시에
빛의 굴절을 감지한다

창 내부를 통과한 빛은
진열장 렌즈 안에서 초점을 잃고
무리에서 이탈한다

지난날 나무들의 자위행위는
모든 것이 빛의 연출이었다

볕드는 집

변두리 달동네 전깃줄에 상현달이 걸렸다

마리아수녀회 공동체에 모여 사는 수녀들은 사람과 신의 합집합이다
언어를 가졌으나 반은 신의 것
육을 지녔으나 반은 남을 위해 산다

실눈처럼 열린 문으로 볕을 한 입 머금은 마당이 새어 나온다
수녀들의 집 마당에 거미줄처럼 엮어놓은 빨랫줄 위에서
하늘빛으로 세탁한 수도복을 순백으로 물들이는 이여

재개발지역을 지날 때마다 마리아수녀회 공동체 마당을 엿본다
수도복을 벗어젖히고 사람이 된 수녀들의 해바라기웃음 섞인 수다가 흘러 나오고
볕은 수녀들의 마음을 신처럼 드나든다

이 도시의 마지막 달동네, 볕드는 집 마당에
수녀들의 헤지지 않은 옷가지들이 바람에 흔들린다

빈집

그 집 넓은 마당에 가끔 햇살이 들어와
어른들을 찾고
아이들 이름을 부르곤 했다

온종일 보슬비가 내리는 날
그 집 할머니가 분신 같은 자작나무 지팡이를 내려놓았다
마당에 멍석이 깔리고 상엿소리에
검은 기와지붕도 흥건히 젖었다

긴 여름비가 그치고 하늘 높은 날
어미와 아비 그리고 풀꽃 같은 아이들 웃음 소리가
씨받이 장닭 홰 소리에 섞여 들리곤 했다

안개처럼 그 집 앞을 지나던 아이들은
쑥쑥 커서 도시의 공장으로 나가고
텅 빈 집마다
햇살이 기웃거리고 있다

김권: 전남 장성 출생. 1992년 시집 『패랭이 꽃이 피면』으로 작품활동.

향진向進 외 2편

김 성 호

뜻하여 전진하는 정도가
8할을 초과하면
사물과 현상은
파괴되고 전복된다.

아무리 완전을 희구해도
조금은 비우면서 내려놓아야
파국에서 비켜서며
평상을 회복한다.

삶이란, 인생이란 항해여서
격랑, 노도를 넘으려면
열흘에 하루 반은 정박해야
태강풍에 항로를 잃지 않는다.

함부로 해적질 않으며
돛폭을 손질하고 닻줄 여미면서
대협곡 급류, 사해를 돌아 나와
삶이라는 인생이라는 오대양을 건넌다.

냇물의 말

1
천천히 흘러라

꾸준히 흘러라

쉬지 말고 흘러라

말없이 흘러라

거침없이 흘러라

가만가만 끝없이 흘러라.

2
반가이 맞으면서 흘러라

잘못 허물 지우면서 흘러라

만났다 헤어지면서 흘러라

노래하고 춤추면서 흘러라

길 막히면 돌아가면서 흘러라

너울너울 바다 끝까지 흘러라.

봉별逢別

무엇과 무엇이 세차게 부딪히면
번갯불 천둥치면서
우주는 별똥별 낳아
새끼 치면서
알을 낳는다.

슬픔이 슬픔을 만나
눈물을,
기쁨을 만나
웃음을
애환과 고뇌가 만나
사랑의 열락을 나눈다.

발바닥에서 머리끝까지
사무침에 젖어
몸 달아오르면
연연두 잎새들 모람모람 꽃을 피우네.

가뭄에 뿌리가 말라도

단비를 몇몇 달 기다려
후두둑 후두둑 소나기 쏟아지면
암수들 움집에서 포옹을 멈추지 않겠네.

김성호: 1994년 계간 『시조문학』 천료. 2002년 월간 『현대시』로 등단. 시집: 『소리의 하늘 』 『소리의 여행 』 『보도블록에 깃든 숨결 』 『연약함이 강함을 용서한다 』.

가을밤 외 2편

김 원 희

백자 연꽃 찻잔
파르라니 찻물이 배었다.

하늘도 푸른 빛 짙게 배인
시월의 가을
녹차 우려내는 밤

달님이 그만 길 잃고
찻물에 풍덩

한 모금에 만월을 삼켰네

곶감

외딴 농가 처마밑 주홍의 상형문자

허공에 매달린 채 온 몸 햇살에 내주고
지나가는 바람에게 향기까지 다 주고는
맨 살로 수행정진 중이네

안에 든 모든 것 덜어내고
더 이상 내가 남아있지 않을 때
비로소 몸에 피는 하얀꽃

한 계절
참 잘 수행을 했구나

폭설

천지간이 온통 하얗다

유색의 흔적조차 없이
한 순간에
지상의 모든 것을
덮어 버리는 그 힘

백색의 공포다

김원희: 1998년 계간 『불교문예』 희곡부문 신인상, 2012년 『창작21』 시부문 신인상으로 등단. 시집 『햇살다비』.

어느 83세의 좌우명 외 2편

김 은 옥

'나는 항상 자살 생각한다. 고로 존재한다.
자살도 타이밍이다. 배고프다 항상'
-자살방화 가능성-*

새벽, 사이렌이 깨워놓은
독신자아파트 불타버린 창문 너머 동굴 하나가 뻥 뚫렸다
컴컴한 입으로 퀭한 눈으로
창밖을 내다보고 있다
저 아가리에서 끌려 나온
불탄 집기들을 쓸어 담아놓은 화단을
다시 한 번 뒤돌아서 아, 저곳이구나 확인하듯
짧은 길이 자꾸 비틀거린다

여든세 번째의 정월
그의 아침을 견디기에
새장은 너무 낡아있었다
날개도 깃털도 울음소리도 없이 부서진 새장 안으로
배고프다 배고프다 크게 벌린 입과 눈이 보인다

* 뉴스/낙서들

고양이

마당 가득 고요가
까맣게 기어오르는 것을 봅니다
하얀 시계꽃 기울어진 잡초는
폐가의 병풍처럼 쓸쓸하군요
졸린 눈가에서 한낮은 화톳불 되어
타다닥타다닥 불티가 튀어 오르는
화장터 같습니다

파리 몇 마리 검은 옷 입고
뜨거운 잠 위에서
조문하는 건가요
끝없이 손을 비빕니다
땡볕으로 팽팽해진 마당의 긴장을
고양이 수염 몇 가닥이 툭 끊어놓습니다

집도 슬픔도 봉투도 무덤도 없을
떴다 감는 흐릿한 망막 속에서
뙤약볕으로 익어가는 깊은 꿈

키 작은 단풍나무

아빠가 만나자면 싫지는 않은데 막 괴롭히고 싶어. 도서관 휴게실에서 여자애들이 소곤거리고 있다. 엄마가 캐나다 가서 살자고 할 때 따라 갈 걸, 그랬으면 이런 꼴 안 보잖아. 한 아이는 조용히 듣고만 있다. 언니라고 부를 수도 없고 새엄마라고 부를 수도 없고, 아빠 페이스 북에 둘이 찍은 사진 올라와 있어, 곧 결혼한대.

조용해서 돌아보니 소녀들의 어깨를 감싸고 있는 저녁 햇볕이 아직 따뜻하다. 도서관 앞뜰의 앳된 단풍잎이 눈 붉히고 있다. 두 소녀가 바라보는 휴게실 유리창 안으로 단풍잎의 숨결이 통과해오는 듯하다. 수십만 수억 개의 창문너머 캐나다라는 먼 곳을 나도 같이 바라보며 물들어간다.

김은옥: 2015년 『시와문화』 신인상으로 등단.

노화 외 2편

노 명 희

노화老化를 노화老花라 말하고 싶은데
그 즈음에 도달하니 어불성설

이 작은 체구에 무슨 버릴 게 그리 많은지
밖으로 뚫린 구멍 마다
노화老化의 노폐물이 줄줄 거린다

쌀쌀한 바람에도
눈물은 그렁그렁
콧물은 쪼르륵
앵두 같던 입술도 꺼실꺼실,
주위엔 조글조글 잔주름만 수두룩
스르르 벌어진 입술 사인
누우런, 입맛 떨어지는 이빨들
미소가 사라진다
老化가 맞다

최악이라면
말할 때 마다 뿜어지는
고약한 냄새,

치의사를 아무리 만나도
노화의 진행은 막을 길 없다

생물, 그중에도 동물은
생노병사를
고스란히 겪어야 하는
운명, 숙명.

너무 요란하지 않게
간소하게 가다듬어
화내지 않고 맞이하리라
욕 안 되게 겪어 가리라
노화老化가 노화老花가
될 수 있을지도 ㅡ

북한 냄새

내가 늘 배부를 때
항상 뒤 꼭지 땡기는
얼굴도 본적없는
외삼촌 아들, 내 외사촌

이민 생활의 어려움이
잦아들 무렵
늘 그 곳을 가고픈 목마름

외할머니 일생의 소원은
외삼촌 가족들 부탁

내세울 것 없는 내가
무얼 하랴마는
작은 무엇이라도 보탬이 되려
늘 가슴 아리던 숙제
개성 공단 활발하던 어느 날
개성 가는 일일 관광에 합승했다
판문점 통과도 신기했고
도라산역 입국 절차도 벙벙했고

아무튼 아무도 기다리지 않는
그곳을 향하는 착잡한 마음

할머니~ 늘 애잔한 그 이름
'지금 외삼촌이 사시는, 혹은 사시던 곳을
방문 합니다'

정월 초순,
박연 폭포의 꽝꽝 언 얼음 줄기
자연이란 조각가는 남북이 동일한데
수령이 방문한 곳이란 기념비가
가슴을 답답케 한다

오는 길에 방문한 기념 상점
백두산 고사리와 개성 인삼
일행은 믿을 수 없다 만류하는데
혹 그 한줄기에
내 외사촌의 땀이 배었을까

흰 손으로 돌아가기 미안스러워
고사리 세 봉지와 인삼 한 상자
기쁘게 사들고 돌아오니
전하지 못한 비타민 한 병이
미소 짓는다

북한 고사리 푹푹 삶아
맛난 냄새 기대 했건만
삶아도 삶아도 지푸라기 상태

일행의 잔소리가 옳았던지
기대한 북한 냄새는
가슴 울컥케 하는 서글픔이고
애잔함이다

이런 것도 상품으로 내놓는
그 곳의 내 외사촌은
고사리라도 푸짐히 먹는지

외할머니는 '북한이 못산다' 는
소리를 제일 싫어하셨다
'거기도 사람 사는 곳인데…'
목 메인, 피섞인 소리가
외침처럼 귀에 생생하다

착한 나물

이케 저케 아무케나 주물러도,
일생을 먹어도,
질리지 않는

배고파 눈이 슬픈 자식들
눈물 훔치고 뱃속 데워 주며
마른 부엌 불길을 돋운다

밤새 물 한 바가지 내려 주면
순둥이 자라듯 투정 하나 없이
쑤욱 쑥 자라
노오란 가난을 물리친다

착한 너로 인해
갖가지 음식은 조화롭고
아무리 흔해 빠져도 너만큼
쓰임새 많은 나물도 없으리

푸르른 대파 한 뿌리 보태면

달큼한 그 향기
고약한 겨울 바이러스도
물리 치리라

노명희: 2015년 『참여문학』 시부문 신인상으로 등단.

언양댁 외 2편

문 창 길

갯비늘에 찌든 부두 한 쪽으로
활어집들이 판자촌처럼 늘어 서 있다
저마다 푸르게 살아 있는 활어들을
물통에 잡아 넣으며
지나는 사람들을 향해 손사래짓이 바쁜
그 중에서도 유난스레 번잡스런
방어진상회의 언양댁
넙데데한 엉덩이를 실룩거리며
익숙하게 돔 한 마리를 잡도리하는
솜씨가 제법 살맛에 젖어 있다
이 돈을 벌면 아들 놈 대학 가르치고
저 돈을 벌면 딸년 피아노 사 줄 기라고
물에 불어터진 손가락으로
세고 또 세며 부푼 꿈만큼이나 살찐
황씨의 복어 같은 마누라
늘 선창에 나가 빈둥거리다
물 좋은 횟감이 들어 왔다며
보고 뭣이고 가리지 않고 덥석 받아오는
남의 신랑보다 내 남편이 그래도
낫다고 눈웃음 치는 경상도 아지매

한 떼의 손님들이 썰물처럼 쏴아악
빠져 나가면 그제야 싸온 도시락을
황씨 앞에 벌려 놓으며 미처 챙기지 못한
만 원짜리 몇 장을 세어 본다

신용협동조합 건물이 있는 풍경

동트기 전 눈 쌓인 골목길은
늘 설익은 꿈에 젖은 사람들로 분주하다
이른 아침 시린 가슴을 안고
가득 찬 리어카를 이끌며
골목 쓰레기를 거두는 청소부
이 씨의 입김 서린 희망이 그렇고,
이백 몇십 부의 조간을
가는 허리에 안고 집집마다 신문을 던지는
여중생 숙이의 앳띤 희망이 그렇고,
남들보다 먼저 가게문을 열어야 된다며
잔기침 몇 번으로 하룻장사를 알리는
대림상회 황 노인의 주름진 희망이 그렇고,
그래서 그들은 매일 그맘 때면
신용협동조합 건물이 있는 골목 어귀에서
잠시 뜨거운 눈인사를 나누며
흰새벽 햇살만큼 어둔 그림자를 밀쳐낸다.

광화문 촛불

어둠의 길에 사람이 모이고
사람이 모여든 그 길에 또 다른
사람과 사람들이 모여 어둠의 길을 쫓는다
이윽고 쫓기는 어둠의 발자국마다
빛의 씨앗은 함성처럼 일어선다
일어서는 함성은 함성으로 넘쳐
뜨거운 불의 액체로 사거리를 돌아 선다
광화문 어둠의 뿌리를 덮친다

어둠의 역사는 그렇게 끝장을 넘기며
새로운 빛의 역사가 시작될 것이다
그래서 저 광장의 불꽃을 뜨겁게
뜨겁게 타오르게 할 것이다
저 피폐한 모순의 역사를 태워버릴 것이다

청와의 미명 아래 불온한 꿈을 꾸었던
키친 캐비넷 어둠의 자식들이여
수백만 빛의 화촉을 보아라
수백만 분노의 함성을 들어 보아라

아빠의 어깨위에 무등을 탄 다섯 살배기
희망이가 움켜쥔 촛불을
유모차를 타고 엄마의 촛불을 따라나선
저 아기의 또랑한 눈망울을
탄핵, 하야라고 당당히 외치는
5학년 초등학생의 카랑한 목소리를

아 이 거울바람은
꺼지지 않는 촛불의 역사를 기억하리라
동풍이든 서풍이든 남풍이든 북풍이든
그것은 온 인민의 뜨거운 피의 꽃이기에
또는 416 광장의 엄숙한 피의 명령이기에

문창길: 1984년 『두레시』로 작품활동 시작. 시집 『철길이 희망하는 것은』.

민족의 진군 막을 자 없다 외 2편

박 금 란

우거진 밀림이 사열해 있는 정점
눈 덮힌 백두산 천지에
새해 태양이 눈부시다

야비한 거짓과 탐욕의 약탈자
유엔을 움켜쥐고 세계 인민을 약탈했던
유럽제국주의 일본제국주의 미국제국주의
망할 것 같지 않았던 너희가
마른 갈대 같은 운명에 이르러
벼락이 내려치리니

민심은 천심이다
하늘같은 세계 인민의 피를 짜냈던
착취의 손아귀가 썩어 문드러질 날
시각은 하나 둘 셋 초를 세며 다가온다

착취의 거미줄을 촘촘히 짰던
자본의 왕거미 제국주의자
그 왕거미를 한 방에 죽일
세계 인민의 독침이

급소를 찌를 것이다

인민이 앉아서 당하고만 산다더냐
성난 말벌떼 같이 달려들어
숨통을 끊어놓을 것이니
지배의 교활한 짓거리를
끝장낼 것이니

하늘도 우리 편이다
시간도 우리 편이다
무릎 꿇지 않고 고군분투하며 싸웠던
투쟁의 역사
우리가 승리를 움켜쥘 것이다

정의가 넘쳐 세계가 행복할 진군에
우리 민족이 앞장선다
완전한 승리의 해방을 안아올
떠오르는 2018년의 전투
자주와 평화의 쟁취
거침없이 앞으로 진군이다

통일은 세계 인민의 승리의 교두보
백전백승하는 승리의 민족이 있다

낙엽속의 편지

살아내었다
용접공의 불꽃 튀는 노동처럼
땀에 절은 작업복 빨랫감처럼
힘에 겨운 하루치기 일들이
차곡차곡 쌓였는데도
폐교된 학교 책상 위에 쌓인 먼지 같은
일당을 받고
찬바람 맞으며 낙엽을 밟고 보니
힘겨운 우리를 꼭꼭 밟고 있는 것 같아
거름도 못 되는 아스팔트 낙엽들은
오죽 원통하랴
생명 찾아 헤매이는
삶의 조각보들이
바람에 우수수 모여
슬픈 운명을 넘어 맞부빌 때
세월호 살아 돌아오고
가장 아픈 그 곳은
움이 트는 새봄이 되리니

고이 잠들지 못하는 통분의 넋들

진달래 개나리 애기똥풀…
소나무 참나무 대나무 …
학살의 증인들은 산천뿐이랴
분단이후 72년 지내고도
학살의 주범 미군을 몰아내지 못하고
먹먹한 가슴 무명실로 풀어 감으며
너희의 목줄 당겨낼 실패
단단히 쥐고 뜬눈으로 지샌다

친일파 민족반역자 꾸역꾸역 모아
민중의 목숨줄 겨냥한 관리로 등용해
이 땅의 선량한 민중들을
가혹하게 학살한 미군정

1946년 9월 전평주도의
전국 노동자 총파업 때
10월 1일 대구에서
경찰의 발포로 노동자가 사망하자
성난 노동자와 시민 학생들이 들고 일어났고

영천 칠곡 의성 선산 군위등 농민들도 합세하여
전국 73개 시군으로 확대되어
경북만 해도 연인원 77만여 명이 참여하여
8시간 노동제를 실시하라
토지개혁 실시하라
공출제를 철폐하라
애국자들을 탄압하지 말라
민주주의를 보장하라
10월항쟁 뜨거운 구호는
미군정을 흔들었다
미군정은 계엄령을 선포하고 장갑차를 동원하여
46년 12월 8천명 이상을 검거하고
학살하였다

아메리카 기름진 땅을 빼앗기 위해
수많은 인디언을 잔혹하게 학살한
피 묻은 손으로
이 땅 민중을 구덩이를 파고 총으로 학살하고 쓸어넣은
미제의 침략은
지금도 세월과 산천에 거머리처럼 들러붙어
민족의 피를 빨고 있다

우리 이들을 어찌 물리치랴
남북을 가르지 말고 똘똘 뭉쳐야 한다
북은 미본토를 박살낼 핵무기를 겨누고 있는데

남의 우리들은 무엇을 할 것이냐
방방골골 미국이 심어놓은 분열의 거머리를
뜯어내고 뭉치는 것이다 남북이

대구 달성군 가창골 학살지는
학살의 역사 묻으려는 저수지가 되었다
학살당한 자들의 시체가 녹아있을
저수지 물을 받아 절 올리고
미제의 침략을 끝장내는
온 힘 바치는 무기
육탄이 되자

박금란: 1998년 전태일문학상 수상으로 작품활동 시작, 2013년 정선아리랑문학상 수상.

습작의 계절 외 2편

여 호 진

복숭아나무 아래 서 있으면 복사뼈 여무는 소리가 들린다
저 나무의 단단한 씨가
발목을 붙잡고 나는 이 복숭아밭에 오래 머물렀다
과수원에 묶여 늙어버린 아버지는
이곳에 뿌리를 내렸지만
나는 오랫동안 싹 트지 않았다

바람을 버무려 속을 채우는 시간
혈이 트이고 우듬지까지 수액이 차오른다
차박차박 빗줄기에 젖는 나무의 머릿결과
흘러내리는 내 마음이 닮았다

가지를 붙잡고 부푸는 알, 버리는 일에 아직 서툰
복숭아나무는 다닥다닥 열매를 매단다
수밀도처럼 짓무르기 쉬운 나이
복숭아의 마음을 헤아려 솎아내는 것은
결코 쉬운 일이 아니다

발그레한 향기에 취해
먼 곳에서 새들이 날아온다

흔들리며 가슴 졸인 시간의 무게가 휘청거린다

지금은 습작의 계절
검고 푸른 내 안의 흠을 익히면
이 과육처럼 단내가 날것이다

절망을 연출하다

어린 소나무 한 그루
그려진 밑그림 따라 나무의 길을 제작한다

비틀린 각도를 견디며 한 발 한 발 벼랑을 향해 내딛는 길
햇살을 붙들고 수없이 까치발을 해도
잔가지 하나 늘일 수도 바람에 흔들릴 수도 없다
머리채를 잡히고 어깨와 몸통을 동여맨 쇠줄 사이로
그가 가지 못한 길이 울퉁불퉁 튀어나왔다

저 숙련공, 욕망의 눈높이는 고공 어디쯤일까
없는 중심을 딛고 끝내 도달해야하는 먼 곳
허공에 매달린 비명이 아슬하다

온갖 관계에 묶여 정해진 궤도를 돌고 돌아도
끊임없이 어긋나는 세상길
흙 한 삽에 뭉뚱그려진 저 나무와 다를 게 없다

절망의 무게만큼 상품이 된 나무
절묘한 포즈로 시선을 끌고 있다

비누로 지은 집

햇살의 손목이 가늘어졌다가
동그라미를 타고 오른다
저 두멍한 비누의 껍실들, 비누의 살냄새
모두 이응字
이응이응이응
큰 신발을 신고 걸어가는 사람들은
내게서 멀어지는지 다가오는지
모두 이응 속에서
소멸의 골목을 걷고 있다

둥근 방에 무지개 지도를 펼쳐놓고
먼 곳의 살별을 짚어본다
아이들의 환호가 추신으로 첨부된다

금세 깨져버릴 저 거푸집
순간이 빼앗아 갈 목숨들
무수한 각을 세워 지은 동그란 집
그의 전언을 들으려 구름이 둘러섰다

눈물 많은 사람처럼
바람의 옷소매를 접으며
허공에 발이 빠진 동그라미
죽은 제 모습을 둘러쓰고 꽃잎처럼 흩날린다

세상의 누추를 닦아내며
양면이 없는 비누의 뼈
울음도 쌓이면 무거울까,

텅 빈 몸 안에 들어앉은 바람 한 줌
젖은 시간을 밀어올려 말리고 있다
비로소 완성되는 유언이 참 아름답다

여호진: 2007년 『수필춘추』 수필부문 신인상, 2015년 『창작21』 시부문 신인상으로 등단.

마트료시카Matryoshka doll 외 2편

염 선 옥

한 교실 스물여덟 명 학생들이 시험지 위에 눈과 손을 풀로 붙여놓고 문제를 푼다. 시간은 지침 없이 다가오고 강을 거슬러 오르는 연어처럼 아이들은 시간을 등지고 달아나고 있다. 시험지를 넘긴다. 쉰여섯 개의 눈이 깜박 없이 움직인다. 망막에 박힌 뒤집힌 문제를 해독하는 무거운 침묵, 어떤 소리도 들리지 않는다. 눈이 내린다. 창 안팎 온도 차가 생긴다. 비명이 몸통 밖으로 튀어나오려 한다. 아이들의 호흡이 창에 박혀 흐른다. 성에꽃이 지워진다. 70분이 지난다. 탁자를 친다.

그만.

답을 맞추는 아이들 꼭같은 인형이 되어 포개진다.

삶이 인사합니다, 굳모닝!

누가 또 하루를 깨우는지
시계의,
의지에 의한,
돈을 위하여
모두 굳모닝!

쏟아지는 정보에 얼굴을 씻고
마음에 드는 색 수건 골라
얼굴 문댄다
눈썹을 그린다, 신중해야 한다
하루를 삐뚤빼뚤하지 않기 위해

무명의 다수가 유명의 하나를
이기지 못하는 하루는 이어졌고
쏟아져 나오는 달걀들의 주장을
깨고 휘젓는 뉴스는 달궈지고 있다

1초간 오늘의 약속을 떠올려
옷을 고르고 루즈를 바른다

차를 몰고 거리로 나온다
침대를 헤집고 난 뒤 덮어둔 파편처럼
전라의 거리는 거친 호흡으로 헝클어져 있다

흘러나오는 노래 You Light Up My Life
귀에 파고들어 목구멍 전원을 켠다
흥얼대기 시작하는 목소리
오늘도 가난해지기 위해 일을 하고,
죽기 위해 산다!
광화문 일인 시위 피켓 지나

허공에 뿌려진 자존심과
밟고 지나온 사람들을 떠올려본다
길섶에 핀 민들레만치도 안 된다며
생각을 덮는다

주차를 한다
구석에 고양이 하나가 응시한다
갖고 놀던 동전 한 닢 번갈아본다
나도 시선을 떼지 않는다
눈싸움에서 지지 않기 위해

오늘도 나는 굳모닝하며
그림자 없이 살 것이다
누군가의 존재가 되든 말든

고양이의 한 낮처럼
휘휘 돌아다니는 그런 하루를.

자부심

밤과 낮이 겹치는 초저녁이면
늙은 어미 탯줄을 당기며
어두운 눈으로 내 집을 찾아오신다

개다리소반 간장 종지와 반찬 몇 개
조랑조랑 자식 다섯 키워낸 역사
자부심을 지팡이 삼아
구불진 마디 손과 휜 다리로
양손 벌려야 끝이 닿는 식탁을 채우신다

드문드문 어머니는
죔죔 하던 옛 시절 내 모습 떠오르는지
밥을 먹는 내게
냠냠 입 모양을 흉내 내신다

다섯 손가락 접으며
내일은 둘째 집에 가야한다고
짙은 밤 달빛을 등 삼아
탯줄을 단단히 묶어두고

다시 늙은 어미는 집으로 가신다
초승달처럼 휘어진
어머니 다리와 손마디
지팡이 삼아

염선옥: 서울여대 영문학과 졸업 및 동대학원 영문학과 수료. 2017년 『창작21』 시부문 신인상으로 등단. 동국대대학원 문예창작과 전공과정 재학중.

시골 풍경

유 나 영

백설이 달라붙은 농로에서
꽃보다 고운
동화를 연출해 내고

소꿉친구의 체온이 발밑의 눈발 속에
묻혀서 소리치면
그때에 나는 그리움으로 소스라치고

그것이 무엇인지 모르는 동안에도
안타까워서
유년을 부르고 있으면
또 눈은 내리고 쌓여서
발등을 덮어주고 있다

그리움이 무엇인가
햇살이라고 금시 내리치면
흰눈 녹아내리고
꿈도 쓸어 갈 것 아닌가

시골 풍경이 탐스럽게 자잘대는

논두렁 가장 자리에
상심이 쌓인 세월이 묻어난 것을
비로소 나는 도청하고 있다

천정을 보며

잠 못 이루고는
나는 천정을 보면서
무늬 하나에
그리운 시절 어머니의 이야기와
그리운 시절 이웃 친구 이야기와
그리운 시절 초등학교 운동장에서의 놀이와
그리운 날
내 삶의 이랑을 화첩에 올려놓으면서
나는 어찌 헛웃음을 웃어야 하는가

그리하여 세월이 차압해 놓은 일종의 구속된 생활의 내란을 간섭하면서 혹은 압박으로 혹은 타이름으로 명상하면서 착각의 시대에 살아온 나의 우정과 인연의 족쇄까지 풀 수 없는 까닭에 더불어 번뇌하면서 나는 나의 이력의 울타리 안에 갇혀 끝내는 슬퍼하고 있다

접목

과일나무에 접목을 한다
접목한 과일나무는 두 모양의 얼굴이다
이 시대 이 사회의 구성은
접목으로 불신을 닦아야 한다
접목으로 비정한 삶을 바꿔봐야 한다

접목을 하자
맨 처음 탐욕을
키우지 않던 그 때의 미학을 위해
욕망의 그릇에 담긴 과욕을 털어내기 위해
접목해야 한다
더 이상 지쳐가는 사회현실의 굴레에서
벗어나기 위한
새로운 생명의 접목을 하자

유나영: 『한국시』로 등단. 시집 『만남의 강』 외, 시조집 『낮달의 여행』 외 다수.

엘리베이터 외 2편

윤 선 길

엘리베이터는 처음부터 오르내리지 않는다

다르게 말하면 건물이 층층이 오를 때마다 그가 갈 수 있는 곳도 달라진다는 것이다
그만큼 그의 어깨가 무거워진다
자식이란 이름의 짐을 싣고
한층 오르면 무게가 달라진다는 걸 알면서도
내려놓을 수 없는 그를 몇 층 위에 실어 나른다

그렇게 정성들여 해주면 알아주길 하나?

그렇지 않다
이름도 없는 엘리베이터에겐
앓았던 상습적인 관절염의 이름만 지겹게 박힌다

고장 자주 나는 고물 엘리베이터로 여겨지며
짜증스러운 표정들만 보여주던 그들이
기억으로 불리지 않고
상처로 불리는 것인데

그의 아들도 조금 더
치장이 아름다운
엘리베이터가 되는 걸 바라보는
그의 미소

한 층 오르며
덜커덕거릴 때마다
아리다

죽은 자가 따르는 세상을 위해

님을 위한 행진곡이 제창된다

이 따위 세상을 위하여
당신들이 희생했기에
이 나라가 여기까지 왔습니다

굼벵이처럼 움직이는 이 세상
때리고, 또 때리지 않으면 움직이지 않습니다
자동을 좋아하면서도 모든 행동은 수동입니다

사람을 보지 못하고
버튼을 누른 사람 때문에
말처럼 달리는 세상 밑에서 학생이
기계에 끼여 죽었습니다

애도라도 하지 않으면
혀끝도 움직이지 않으려 하는 사장에게
꽃 하나 올려 놓습니다

죽은 건 학생이 아니라,
사장이었기 때문입니다

꽃 하나의 슬픈 몸내음보다도 연한
금붕어처럼 하는 사과 이상을 원합니다

사장의 목소리를 기다립니다, 곳곳에
비명이 울려퍼지고 대가로 사과 하나도
울려퍼지지 않는 그곳에

조그만 양심 하나를 바라고
소리를 지릅니다, 살아있다면
소리를 내십시오

앞서서 나가니---------
산 자여 따르라

헌데,
앞서서 나가는 자는 왜
무조건 죽은 자여야 합니까

꼭 죽어야만 앞서서 나갈 수 있는 세상입니까

놔두다

검지와 엄지 중지가 이유없이 저리다
약사는 신경이 눌렸다고 했지만
삼시 빌어낸 사이 떠나간 그녀의 얼굴이 누워서 손가락을 짓누르는 것이라고 해도 좋았다

얼굴 밑에서
손가락은 무력하다
기대는 그녀의 얼굴 밑에서
나의 손은 손가락만 했다
무력한 내가
질식해갔다

지체없이 나를 그녀 밖으로 내려놓는다
다른 이를 만나서도 웃는 그녀를 놔두고

햇빛 아래 꼼지락거리다
서투르게 말라서 조각난 찰흙이 되어버린 나

이전보다

더 세게 짓누르는 그녀의 잔상을 읊는다

가슴이 저려온다

윤선길: 장안대 문창과 졸업. 2011년 『창작21』 시부문 신인상으로 등단.

화조도花鳥圖, 그 변방을 읽다 외 2편 〈시조〉

이 교 상

바람은 풀의 영혼, 매인 적 한번 없다
보폭이 자유로워 허공마저 쉽게 건너
투둘한 인간의 역사
암각화에 새기고

적막한 밤이라서 병 다시 깊어졌지만
이식해준 그 마음 보름달로 불러들여
빛나는 별들의 세계
지상에다 새기고

물 어둠 수련대는 강변공원 거닐다가
한 줄 한 줄 풀어낸 논어의 위정편에
끝없이 우는 풀벌레
명조체로 새기고

화엄별곡華嚴別曲

1. 월궁매운탕

우럭이 알몸으로
묵언수행 들었습니다

죽어서 사랑하는
그 길 밖에 없다고

뼛속에 佛心을 심어
달이 되었습니다

2. 그리운 산책

춘장대 벼랑 위로
데리고 온 길 그림자

내 몸에 심습니다,
쑥뜸 뜨듯 지집니다

양각된 파도소리를
뒤집어 음각한 채

돌연꽃

무엇을 보았기에 가던 길을 숨겼을까?

산속 흰 구름 깔고 앉아 날마다 만 편 시 새김질하는 꽃을 보네 태백산 주목같이 세상에 마음 던져놓고 아린 몸 닦고 있는 꽃을 보네 허공에서 마구 쏟아진 땡볕에 얼굴 문질러 온몸으로 천상천하를 양각하는 꽃을 보네

도저히, 눈 뜨고 볼 수 없는
내 사랑 가물거리네

이교상: 2004년 〈서울신문〉 신춘문예 당선. 시집 『긴 이별 짧은 편지』 『시크릿 다이어리』. 김만중문학상 외 수상.

발막금 외 2편

〈시조〉

이 광 호

김발 막고 손으로 뜯어 볕에 말린 겨울 동네
예닐곱 집집마다 청 사시오! 문이 잠긴
여름날 텅 빈 발막금 혼비백산 청장수

시대가 흐른 다음 한 오십 년 지났을까?
붉은 꽃게 포크레인 허가 받은 사업자가
태양광 눈이 멀었나 청솔 숲 다 벗기네.

보름달 북소리

여야에 이응받침 둥근달 영양 되소서
청군 백군 줄다리기 힘껏 당긴 운동회 날
허허허! 보름달 북소리 하늘보고 웃지요

자리란 언뜻 들어도

잘이란 지읒 알이라 땅에서 나온 알곡이니
자리란 언뜻 들어도 잘이란 말 되는 것은
정치란 농사를 짓 듯 잘하란 뜻 아니겠소.

이광호: 전남 고흥 출생. 2011년 『창작21』 시부문, 2015년 시조부문 신인상으로 등단. 시집 『ㄱ에 대하여』 『담아 두고 싶어서』.

그 집이 생각날 때마다 걸었다 외 2편

이 미 란

환한 침묵의 등불이 언제나 목석처럼 켜져 있는 집. 소소한 잡음의 낮과 아름다운 고단의 밤이 내가 사는 평범한 창문을 두드릴 때마다 생각나는 집. 책속에 펼쳐진 길들이 고즈넉한 서정의 들판 쪽으로 등을 돌릴 때나 시의 도가니탕이 어두운 세상의 모퉁이를 시큼한 깍두기 국물에 말아먹을 때도 어김없이 떠오르는 집. 새벽녘 찬바람 속을 서성이다 문득 고개를 들고 바라보면 포근한 그리움이 뭉클뭉클 솟아나는 집.

기억 속에 오래 세 들어 사는 그 집 다락 방 창문이 시도 때도 없이 떠오른다. 돌아갈 수 없는 옛날의 골목이 그 집 창문 밑에서 하염없이 비를 맞고 울고 있다. 아무래도 그곳을 찾아가서 애잔했던 시절의 정령들을 불러내어 한 마디 따뜻한 말이라도 나누어야겠다.

보길도에서

세연정* 구석진 돌담 곁에서
비에 젖은 모가지를 뚝, 뚝 떨구며
선명한 피울음을 쏟아내는 붉은 동백을 보았다

먼 옛날로 쫓겨 간 설화가
허름한 사연의 뗏목으로 모여들어
그들만의 서러운 전설을 토해내는 것인가

땅 끝 마을보다 더 아래 외진 섬
겹겹의 흙바람도 비껴간 세월의 돌담 곁에서
더 이상 갈 곳이 없어 모여 사는
인연이 질긴 목숨들의 뜨거운 노래를 들었다

비에 젖은 붉은 모가지를
그리운 육지의 방향으로 떨구며
붉은 사모의 피울음으로 연서를 쓰는
이룰 수 없는 창백한 사랑의 동백꽃을 보았다

*세연정: 고산 윤선도가 지은 정원

서쪽바다와 이별하기

바다로 가는 길이 멀어져간다
오래 전부터 이 도시에 살았으나
이곳은 내게 자신의 품을 내주지 않았다

나는 이제 서해로 가는 버스 차창에 이마를 얹고
축축한 콧노래를 흥얼거리지 않을 것이다
이 도시의 서쪽으로 향한 신발 밑창은
언제나 말랑말랑하지 않았으므로

달콤한 내일을 꿈꾸었던 헤밍웨이 창가에는
경, 금, 옥, 순, 란, 숙의 수줍은 웃음이
떠나온 날들의 오렌지 빛 가로등 밑에서
젊은 날의 온기로 반짝이고 있을까
방파제 위에 걸쳐둔 그 푸른 날들의 약속은
우리만 아는 우리 젊은 날의 전설
갯벌을 잃고 사라진 협궤열차의 운명처럼
이제는 친숙하지 않은 오래된 옛 노래

바다로 가는 길이 사라져간다

오래 전부터 이 도시를 사랑했으나
이곳은 나를 자신의 품에 안기를 거부했다

나는 이제 서해로 가는 버스 차창에 어깨를 기대고
눈물의 섬 같은 수평선을 노래하지 않을 것이다
이 도시를 누비던 푸른 청춘의 무릎을
이제는 영영 잃어버렸음으로

이미란: 강원도 양구 출생. 1997년 『학산문학』으로 등단. 시집으로 『준비된 말도 없이 나는 떠났다』 『내 남자의 사랑법法』이 있음.

아주 가벼운 안부 외 2편

이 선 유

봉분 위에 바람이 불고 있다
이름 모를 깃털 하나 바람에 나풀거린다
한겨울 짧은 햇살이
잠시 머문 듯 스쳐간다

어쩌면 저 깃털은
산과 골을 박음질하며 출렁였던 노래
한때는 숲속의 정적을 깨우고
텅 빈 하늘에 오선지를 그리기도 했다

노래가 울음이 되는 일은 하늘의 일상
새의 울음은
봉분의 벽을 넘어 그녀에게 스몄을 것이다
삭아 내리는 뼛속 깊이 공명을 기웠을 것이다

한겨울 햇살 같은 희디흰 목숨들
지금은 어느 골짝에
깃털 한 가닥으로 흔들리고 있는지

어둠도 시간도 가두지 못하는 혈연이라는 봉분

깃털보다 가벼웠던 생의 흔적이
생전에 걸터앉았던 바위보다 무겁다

수상한 가족사

한겨울 잎을 다 떨군 고욤나무
한 해 농사를 거두지 못한 채
가지마다 빽빽하게 전시 중이다
할 말이 많다는 듯
할 말이 없다는 듯
지우지 못한 마침표 허공에 가득하다

나는 한동안 하늘 밖 방점으로 서서
저 자잘한 것들의 악착을 보고 있다
풋감도 아닌 것이 곶감도 아닌 것이
절대로 가지를 놓을 수 없다고
바람을 밀어내며 고집스럽게 버티고 있다

조글조글한 과육은 이미 씨들에게 내어주고
하늘 끝이 허옇도록 떨떠름한 맛이라니
허공을 놓친 열매들 바닥에 구르고
직박구리 몇 마리 고요를 입질하는 저녁

제 허리 분질러 감나무를 껴안고

다음 생을 건너가는 저 불우한 유전자들
감씨가 왜 고욤나무에 싹을 틔웠는지
그 누구도 불편한 가계를 말하지 않는다

나이를 속이고 마흔 넘어 재가再家했다는
감나무 집 누이는
언제쯤 실한 자식 하나 남길 수 있을까

귀의 외출

두 눈을 가져간 신은
천 개의 귀를 달아 주었다

세상을 귀로 읽는 그녀
더듬더듬 클래식 연주회에 자리를 잡는다
숨소리조차 고요하게
감은 눈을 한 번 더 지그시 감는다

베토벤의 운명 교향곡이 흐르자
온몸의 귀들이 알레그로로 살랑거린다
선율에 흠뻑 젖은 얼굴
환상 속으로 홀로 깊어 골똘해진다

운명의 문을 두드리며
어디만큼 초원을 흘러갔다 돌아오는 것인지
오래전 치마폭에 두고 온 눈동자를
찾고 있었던 것은 아닌지

제 안의 가장 깊은 곳을 내려가

단단한 적막에 심지를 돋워보는 것이다

이선유: 충남 청양 출생. 2016년 『창작21』 시부문 신인상으로 등단.

빙하기 외 2편

이 수 진

지하철은 지나간다
보이는 것이 길게 늘어진다
시선이랄 것도 없는 남루다
라스코 동굴벽화에서 나온 그는
사냥하는 법도 잊은 채 흑백사진에 갇혀 살다
무성영화에 쫓기는 불온한 컬러로 남았다
벗겨내면 사라질 오래된 누더기
아스라한 기억의 어디쯤을 붙잡고
전혀 다른 시절의 동굴로 숨어들었다

우리는 대치중이다
오롯이 혼자인 채 그는 무방비다
간간히 외로운 구린내가 오랜 외출을 말해준다
누군가의 점심 밥상을 덮었을
신문지 한 장으로 감각은 곤두서고
혹한을 기억하던 네안데르탈인의 육중한 몸은
어제까지 맘모스를 잡다가
오늘은 서울역에서 한데 잠을 청한다

그때처럼 날이 추웠다

이름에게

이름에게 위안을 받아 본 사람은 안다

좁은 어깨에 올려놓았던 감정을 휩쓸고 갈 때, 안다
내가 짊어졌던 무게가 굉장했었다는 것을
잠시 멈춰보면
서서히 드러나기 시작한다는 것을
더 자세히 보인다는 것을
찬란하거나
무기력하거나

그런 날씨였다
아직 남아 있던 빗방울 몇 개가
내게 와서 묻었다 갈 때, 안다
너로 인해 나는 참 가벼워졌다는 것을
휘어질 때도
쓰러질 때도
어디서든 돌아보면 네가 있었다는 것을

기어코 내 손을 잡는다는 것을 안다

저 짠하고 애틋한 이름,
이름에게

書店에서

1.
대형서점이 생겼다고 떠들썩하기에 시간을 내어 찾는다 공간은,
거대한 인쇄소에서 시끄럽게 돌아가는 윤전기 같다. 냄새가
가시지 않은 말랑말랑한 표지의 소설들이 일제히 머리를 매만지다
나와 눈을 마주 친다 어쩌지도 못하게 게 걸음으로 이동 한다 나는,
cmyk*도 모자라 별색을 섞어 만든
타국의 언어 사이를 비집고 지나가다
나의 머리통을 샅샅이 들춰줄
심리 어쩌고 하는 것들에서 힘이 빠진다
어지럽다 그것이.
연신 입을 벌리며 다녀서일 거라고 생각 한다
창문을 만들지 않아서일 거라고 생각 한다
사람들이 너무 많아서일 거라고 생각 한다
어쩌면
오래도록 헤매도
내가 찾는 그것은 보이지 않을 거라는
절망 때문 일거라고 생각 한다 나는,

2.

여러 개의 아크릴판을 기웃거리며 발이 아프게 걸어간다 갑자기,
좌판을 가득 메운 베스트셀러들이 요란하게 싸움질이다 게다가
여러 놈이 내 앞을 버티고 나의 선택을 채근한다 나는,
무어라도 골라잡아야 할 것 같아 소심하게 이것저것을 고르다
구석에 박혀있는 얇고 초라한 그것을 발견한다 그리고,
아무도 펼치지 않은 시집을 본다
한번도 93페이지를 빠져 나온 적 없을
얼굴을 본다 늙은 시인의,

* C(시안), M(마젠타), Y(노랑), K(검정)의 4색을 조합해서 정의한 색. 주로 인쇄에서 사용되는 것으로, 원래의 컬러 화상에 포함되어 있는 CMYK의 요소를 4개의 편판으로 분해해 컬러 인쇄판을 만든다.

이수진: 전북 남원 출생. 동아대학교 국어국문과 졸업. 2017년 『창작21』 시부문 신인상으로 등단.

벚꽃과 소년 외 2편

이 승 호

친구들은 다 올라가고
혼자 떨어져 있던 소년

늦기 전에 석굴암에 가야 하는데
벚꽃은 보기 좋아라 흩날리고

순간, 나와 마주친 그 짧고 헛헛한 눈빛

내 옆에 누워 병을 치렀네

간질병에 걸린 그 아이
나 말곤 아무도 없었네
괜히, 벚꽃이 피는 날이면.

도로아미타불

그날 밤도 큰스님 옆에서 잠을 자다
새어나오는 웃음을 어찌할 수 없어
아뿔싸, 웃음보가 터지고 말았다

이 알대가리 중놈이 이리 마음이 넓은가
무량수전 한 채는 너끈히 짓겠구나
큰스님은 제자의 행각이 늘 미더웠지만
세상을 떠돌다 오너라고 내쫓았다

어린 스님은 돌투성이 산길을 내려오다
쏟아져 나오는 웃음을 참을 수 없었다

큰스님,
세상에 이보다 더 재밌는 말이 어디 있어요
보름 전쯤 저잣거리로 탁발을 나갔다가
'털보지물' 앞에 이르렀는데
거기서부터 시작한 웃음이 산중까지 따라와
문득 문득 그러나 질긴 웃음이 고약하게
도로아미타불!

술집의 노래

밤이여 어디를 향해 가고 있는가
저 교회보다 높고
사원보다도 깊은 곳
비딧바람이 억세게 달라붙는 길 끄트머리서
고향집을 찾아가는가
몇 개의 둥근 식탁
싸구려 의자와 술잔들
그들의 밤이 깨어난다

밤이여 너의 행로
위로할 줄 모르고 차가우나
다음날 인간의 땅에 오거든
이곳을 찾아보라
쓸쓸히 불 밝힌 술집의 노래
우리가 들어올린 술잔은
너를 맞이하려는 것이다

두려움 또한 숨길 필요가 있겠는가
짐승의 울음이 그렇듯

슬픔과 함께 우리의 영혼은
고요한 곳에만 머무르지 않는다
오늘 밤 누가
저 작부의 노래를 풀어놓는가.

이승호: 춘천 출생. 2004년 『창작21』로 작품활동 시작. 시집 『어느 겨울을 지나며』 『행복에게 바친 술한 거짓말』 외.

사막 위 한가위 달 외 2편

이 정 희

LA 언니 집 이층 곤히 잠든 밤
환하게 비치는 불빛에 화들짝 놀라 일어나 앉았다
사막 위에 맨 얼굴로 둥실 떠 있는 한가위 달
작년 이맘 때 멀리서 많은 이들의 눈길을 끈,
은근한 모습으로 보는 이들의 애를 태우며
구름 속으로 유유히 사라진
한강 둔치에서 만난 그가 아니다
하얀 얼굴에 맑은 슬픔이 깃든
창문을 바라보는 눈빛이 간절해
살짝 문을 열어 놓았다
가슴은 쿵쾅쿵쾅 뛰고
그의 허한 마음을 끌어안고 하얀 밤 속에 숨고 싶었다
그때 새벽을 깨우는 언니의 달그락거리는 소리
계단을 오르고 있었다

알마alma 핸드백

예의를 갖춰야 하는 모임에 정장 입고 알마(영혼)와 동행 한다
프랑스에서 온 전통과 품위를 겸비한 그녀와 걷노라면
한껏 폼도 나고 발걸음도 가볍다
자가용이 어울리는 그녀
전철 속 남들과 부대끼지 않도록 가슴에 꼭 안고 서 있다
자리가 나면 얼른 달려가 가지런히 다리를 모으고
밑이 편편하고 얼굴이 오똑한 그녀를
무릎에 앉히고 꼿꼿하게 앉아 있다
그녀는 함부로 눕거나 어깨에 매 달리는 걸 싫어해
비가 올 때나 추울 때도 소신을 꺾지 않아
인내심이 발끈할 때가 많다
모임에 가서도 눈을 떼지 못한 채 살펴야 하고
집에 돌아올 때까지 마음을 써야한다
겉모습이 유난히 준수했던 그 남자
몇 번 만나보니 만사를 모셔야 해 몸도 마음도 피곤해졌다

집 앞 느티나무

아침 일찍 창문 열면 느티나무 한 그루 놀이터를 지키는 파수꾼처럼 서 있다 노년을 사는 그는 인자하고 든든하다 그의 풍성한 그늘 아래 자갈자갈 아이들 노는 소리 머물고 피곤한 몸들 쉬어 간다 어스름해지고 아이들 떠난 자리에 퇴근한 중년 남자 담배 불빛과 함께 어딘가로 나직한 목소리를 보내고 있다 저벅저벅 누군가 들어서면 살금살금 사라지는 발소리 우직한 파수꾼은 동네 사람들 비밀 다 알고 있다 지나는 바람이 놀러 오면 가지나 흔들어 줄 뿐 재작년 연말 거하게 한 잔 하고 들어오다 그가 보는 계단에서 벌러덩 넘어져 눈탱이 밤탱이가 된 일 그는 짐짓 모르는 척 자신의 일에 충실하다 오늘 밤 하나 둘 비밀을 안은 사람들 은근 슬쩍 그의 품을 향하고 있다

이정희: 2017년 『창작21』 시부문 신인상으로 등단.

광장의 눈 외 2편

임 향 자

고요함이 가라앉은 저곳은
침묵의 계열에서 벗어나야 광장이 된다
소리의 집결지
방음벽이 없는 바람의 저장고이다

바츨라프 광장
치열하던 역사의 현장이 사라진 지금
한 해 끝 무렵의 거리는 성탄트리로 넘쳐났다
무차별 진압의 총부리 지배하에
'프라하의 봄' 이 태어났고
민주화를 외치던 함성이 뼈대로 결집되었다
저 품에서
거대한 물줄기는 역사의 흐름을 바꾸었다

광장의 기능은
어느 편을 거들지 않고 몸을 내준다
묶인 사슬을 풀기 위한 장소
가끔 사사로움을 내세운 집단이 앞을 가리면
바람의 초점이 흐려지기도 한다

밀고 당기는 힘의 논리
한 줌 촛불이 번지고 번져
광장이 일어선다

그들의 생존법

힘이 약한 것들 떼로 모여 산다
물결처럼 흘러가는 멸치와 정어리 떼
모이면 거대한 물줄기다
따개비 굴 홍합 거북손은
바위 한 귀퉁이를 붙잡고 집성촌을 이룬다
해조류나 조개껍데기를 머리에 이고
이동하는 위장술은 필수과목
가끔 바람의 간섭으로
또 다른 종이 제 영역으로 뛰어들면 긴장한다
살아남기 위해 촘촘히 짜놓은 생존전략
미역은 미역귀에 씨를 품고
너울을 붙잡고 멀리까지 씨를 뿌린다
야행성 성게는
바위틈에 몸을 꽉 끼우고 떼로 잠을 잔다
가시를 세우는 방어술도
쥐치가 내뿜는 물줄기에 중심을 잃고 뒤집히면
철갑 갑옷도 무용지물이다
내장을 빼앗긴 성게 껍데기가 파도에 밀려와도
쫓고 쫓기며 알을 슬고

치어가 태어나고 바다는 번식한다
뒤쪽에 눈알무늬를 그려 천적을 쫓는 물고기
보호색으로 제 몸을 숨기는 법도
바다가 일러준 것이다

어미가 가르쳐 준대로
그녀도 조새를 들고 바위에 붙어산다
가난도 바다를 붙잡고 옹기종기 모여 산다

알람브라 궁전의 추억

어느 기타리스트
이 알람브라궁전에서 실연의 명곡을 남겼다
달빛에 젖은 궁전에서 아픔을 빚어 기타로 꽃을 피웠다
분수대 물소리는 물꽃으로 피어 악보가 되고
손끝에서 춤을 추는 기타 줄은 낭랑하고 아련한 리듬을 토해냈다
이루지 못한 사랑은 멜로디 속으로 들어가 사람의 심장을 녹였다

헤네랄리페 정원
어느 술탄은 나무 아래서 밀회를 즐긴 후궁과 병사를 죽였다
나무는 그들을 지켜본 죄로 물길이 끊겨 말라죽었다
은닉죄는 죽어서도 풀리지 않고
몇 백 년이 지나도록 허리를 받치고 서 있다
고사목은 언제 사면이 되어 몸을 뉘일지

기타 선율에 입혀진 사랑의 추억과
기울어진 사랑의 각도가 부른 질투
두 남자의 각기 다른 사랑 법을 그곳에서 보았다

임향자: 충남 보령 출생. 2016년 『창작21』 시부문 신인상으로 등단.

말뚝 외 2편

전 금 희

노란 꽃은 하늘로만 솟아오르고
한낮 열기를 피하려는 토마토
대롱대롱 매달린 식솔들이
사방에서 길을 잃는다

이륙하는 비행기 속의 사내
잡힐까 봐 하얗게 날아서
구름 사이로 스며들고

무거운 짐을 지고 버티는 포승줄
새끼발가락만 건드려도 휘청
푸른 물이 터지려 한다

숨기면 숨길수록 뚜렷해지는 꿈
몸 안으로 말아 넣는다

방향을 알 수 없는 바람비가
우우우 길게 얼룩으로 소리칠 때
사내 하나가 지나가다 우뚝 멈춰 선다
뿌리 없는 뿌리가 천근은 되겠다

구름의 손톱을 깎다

환한 뒷덜미로 햇볕이 쏟아진다
햇살의 농도에 따라 반투명한 분홍으로 살아간다

작고 동그스름한 열 개의 창문

봉숭아 꽃송이와 잎을 백반과 함께 찧는다 주물럭주물럭 아홉 살의 시간을 섞는다 꽃잎 속으로 서해 바다가 통째로 들어선다 말랑말랑한 반죽이 콩알처럼 콩잎에 쌓인다 열 개의 우주가 풀잎 붕대에 감겨있다

조금만 자라도 찢어지는 손톱, 끝이 부러지면 칼날이 되었다 너무 길어도 지루하다 일상을 깎을 땐 기분이 좋다 세상과 함께 뒹구는 여름의 끝자락, 열 손가락에 빨간 꽃잎을 단다

처음부터 잘리는 일만 배워온 구름
불안한 예감이 떨리는 벼랑 끝에서
떨어져 내리는 일만 알고 있는 각질들
가끔 구름의 손끝이 쑤근거린다

하늘에서 물방울이 떨어져 내린다
우는 소리가 난다

떨어지는 것은 눈물만이 아니다

1

맨살을 다독여보았다
살갗이 숨을 추며 봄을 열었다
안으로 미끄러져 들어오며 눈을 맞추는
생소한 미래가 도래하기 시작한 그날부터
이주시킬 수 있는 경계를 건너
움켜쥐기 시작한 원시시대부터
침묵에 설득당하는 그 순간까지
사랑하지 않을 수 없었다
느린 구름들이 여행을 하고
누워있던 어제를 일으키고 내일을 끌어당기는
의지의 등뼈를 세워가는 네 몸짓
오늘이 홍겹다

2

너에게 기댈 무게가 없다
허공에서 허우적 발을 빼며 걷지만 푹푹 빠지는 발,
걸어온 만큼의 거리가 남아있다

여러 번 넘어진 흔적이 있다
지금도 흩어질 무게로 공전하고 있을 뿐
제자리만 맴돌거나 자주 쓰러진다
햇빛이 나면 녹아 스러질 자국이지만
내가 서면 따라 멈추는 기척 하나,
그런 발자국을 만나고 싶다
젊고 싱싱한 걸음들이 하얀 변방으로 실려 간다
헐렁한 눈빛이 겁나 일그러진 입모양은
한 송이 두 송이 알아들을 수 없는 말을 남긴다
울퉁불퉁한 우리의 길이 덮여가고 있다

3
뜨겁게 쏟아지고 있다
깊고 캄캄한 속에서 헤엄을 친다
절벽을 겨냥해 허공에서 거리 조절을 한다
수축된 안면근육의 힘으로
낙차의 리듬을 잃지 않는 물방울의 착지
반쯤 닫힌 눈동자로 검은자위와 흰자위를 움직여
아득한 느낌의 붉은 실핏줄과 엮이어 간다
어둠 속에서 수액을 퍼올리는 물줄기같이 솟다가
공중으로 튀어 오르듯 힘을 합하다가
허깨비처럼 얼굴을 뒤덮어가며 흘러내리고 있다
뼈 없는 눈물이 출렁이는 둥글고 작은 우주
눈동자를 고정시키고 어딘가를 내다보며

촘촘하고 작은 숲에 매달려 울창해진다

전금희: 1952년 경기 강화 출생. 경기대학교 졸업. 중앙대예술대학원 시창작전문가 과정 수료. 2017년 『창작21』 시 부문 신인상으로 등단.

가마솥 외 2편

채 수 원

두발 검사

훈육 선생이 노려본다
무거운 모자를 푹 뒤집어쓴다

들켰다

자존심이 상해 벗지는 못하겠다
몽둥이가 넙적한 엉덩이를 달군다
몸으로 때우는 거다
죽이기야 하겠나

계속 될수록
더 열받는다

그래도 벗지 못하겠다며
악쓰며 버텨본다
터질 때마다 ㅆ소리가 절로난다

성깔 같으면 받아버려야 하는데
뒤처리를 감당할 자신이 없어
나는 슬그머니 모자를 벗는다

김새는 소리만 요란하다

오래된 책

오 년 사랑 못 받으면
매력 없는 거야
목 길게 뽑고 기다려 봐야
네 가슴만 누렇게 타지

짜릿한 첫 경험의 여운
그냥 과거로 묻어 두기로 해
내 몸 어느 구석엔가 네 체취가 남아 있겠지
언젠가 너를 기억하며 다시 찾을지도 몰라

승은承恩*을 여러 번 받는 것이 쉬운 일인 줄 아니
한번 못 받은 것들도 수두룩한데

미련 없이 이제는 떠나가야 해
새파란 것들 독수공방하게 만들 순 없잖아
야릿야릿한 정조를 빼앗는 짜릿함을 빨리 맛보고 싶어
서둘러 방 빼라

* 궁녀가 임금에게 은혜를 받는 것, 특히 잠자리에서

선글라스

보이기 싫었다
하지만 보고는 싶었다
옹졸한 내 마음 들킬까 겁이 났다
눈을 감고 내 표정을 숨겨도
마음은 편치 않다

보고는 싶었다
하지만 보이기는 싫었다
네 묘수를 읽고 싶어 안달이 났다
눈뜨면
내 속 마음도 들통난다

네 것은 보고
내 것은 보여주지 않는

두 개의 눈은 어둠에 숨어산다

채수원: 대구 출생. 2015년 『문학세계』 시부문, 『현대수필』 수필부문 신인상으로 등단.

싱싱한 바깥 외 2편

채 원

거대한 이글루 한 채
가장 따뜻한 집이다
꽃피는 곳에서는
둥지를 지을 데가 없어
안착한 남극
서로의 몸에 기대
온기를 데운다
눈보라 들이닥쳐
손발이 오그라들 때쯤
안과 밖
한 걸음씩 자리를 바꾼다
봄과 겨울의 교대
죽음과 생명의 온도차만큼 큰데
어떤 불평 신음도 없이
기꺼이 밖에 선다
바깥에 서는 일은
목도리, 장갑을 끼워주는 일
두툼한 외투가 되어주는 일
남극의 칼바람도
황제펭귄의 싱싱한 바깥을 뚫지 못한다

선풍기

태어날 때부터 약했던 그녀
늘 차렷 자세로 일해야 했던 탓에
뼈와 관절에 무리가 많았고
자주 목에서 우두둑 소리가 났다
찜통더위 내내 고개를 숙이고 일했던 목뼈는
한쪽으로 기울어져 다시 돌아오지 않았다
고개 들어 먼 산을 보며 잠시 쉬어갈 뿐
몸이 쇳소리에 끌려다니고
가슴에서 가래 끓는 소리를 내도
어머니는 더울 때마다 바람을 먹여서 키웠다
사방을 누볐던 목이
한쪽으로 쳐질 때까지 고집스레 놓지 않았던 얼굴에
해바라기 씨가 빼곡히 익었다
쭈글쭈글한 이마에
바람이 지나간 길이 보인다
핀을 박아 고정한 목
아들의 꽁무니만 좇느라 몸을 자꾸 들썩거린다
평생 자식만 바라보다 앓아누우신
어머니 몸에서 바람 소리가 난다

어머니의 무지개

탯줄 같은 빨랫줄을 따라가면
어머니의 봉한 샘이 열리고
오색 무지개가 뜬다
갈빗대 같은 빨래판을 비빌 때
알았다, 구름을 빨아 무지개를 피워 내고
장대비 속에서 건져냈다는 것을
바람맞은 날을 두드려 삶아
햇살 일기를 입혀주신 어머니
꽉꽉 밟히고 탈탈 털려
두 손 들고 머리 조아리고
한 줄 포로처럼 끌려가던
수평선 보이는 그 어디,
뉴턴의 사과가 떨어져도 귀가할 수 없었는데
하늘과 땅의 경계를 들락거리며
우레 사이를 서성거려
내일의 햇살을 찾아내셨다
생의 한 줄이 보이기 시작했을 때
쩍쩍 갈라진 샘을 파헤쳐
기꺼이 건져 낸 무지개

철따라 철지나 뜨고 핀
그 지붕 아래
채송화 봉숭아 과꽃 다알리아 살살이꽃
앞다퉈 앞마당을 수놓고 있었다

채원: 충북 청주 출생. 〈국민일보〉 신춘문예 당선. 2016년 『창작21』 시부문 신인상으로 등단.

거미 호프집 외 2편

최 순 섭

소소한 저녁

서둘러 레이더를 수리하는 거미 한 마리

손님맞이하려고 푸른 나뭇잎 사이로 내려와 가게 문을 열고 있다

테라스를 점령한 등산객은 비를 뿌리며 다가오는 덩치 큰 먹잇감

먹구름이 무사히 통과했다

회오리도 한입에 삼켜버리는 바람 집

멀리서도

발부리에 감지되는

몇 사람,

거미줄에 걸려 허둥대는 여름밤이 끈끈하다

가장 넓은 귀

풀뿌리가 사는 초막에
연탄불 피워 놓고
누군가 죽어가는 들녘에서
가을입니다
하늘만 바라보고 사는 꽃들이 수런거리는
슬픔만큼 어둠은 깊어지고
새벽빛은 멀리 물러앉아 더디게 오는데
사랑하고 헤어지고
아득해
무엇이 문제인지
사는 게 저리 힘들어 시시콜콜 꽃들이 던지는 말
아, 하고
혀 꼬리 돌돌 말려 쓰러질 때
지상의 주파수만큼 애절한 귀들이 웁니다
증폭되는 파장에
푸르고 드넓은 접시안테나 펼치고
하늘은 토닥토닥
세상에 없는 귀 있는 귀 다 열어 가만히 들어줍니다.

슬픈 별

깨알벌레로 위장한 몰카,
검정구두코에 앉아있다 에스컬레이터 위의 소녀
허벅지 밑으로 쓰윽 지나갔다
사이버 정육점 주인은
붉은 살코기처럼 알몸을 해체하고
엉덩이를 잘라 하늘에 걸어 놓았다
젖꼭지도 새로 끼워 넣고 히히
유전자 복제 얼굴을 공놀이하듯
발로 차고 여기저기 던지며 히히
하얀 마음속까지 깨알벌레 알이 슬어
영혼을 파먹고 있다
고요할 때 시름은 점점 깊어져 잠자는 달이 숲속에서 나와
그믐으로 걸어가고
앞이 캄캄한 소녀가 목을 매
새로운 별을 찾아 우주로 떠났다는 소식이 들려왔다
귀가 없는 정육점 주인이
언젠가 내 목줄 당겨 심장을 찢어먹을지 몰라
서둘러 창을 닫고
눈을 감아도

공은 광속으로 날아오고
날아오고

최순섭: 1978년 〈시밭〉 동인으로 작품 활동. 시집 『말똥,말똥』이 있다.

숱한 질문들 외 2편

최 태 랑

힘들게 깔딱고개를 오르는 사람들
다시 내려 갈 길을 지고 오른다

비는 다시 올라 갈 길을
저리도 세차게 내려오고

벽 문은 잠가두면 다시 벽인데
문을 달고 산다

어제는 지나간 오늘이고
오늘은 내일의 오늘인데
왜 한사코 시간은 흐르는 걸까

오늘 행복하다고
평생 행복할 수 있을까

내 마음에는 아직 펴지 못한
날개가 있음을
나는 왜 모를까

구멍

벽에 난 못 자국,
못을 버리고 천공이 생겼다

허름한 벽이라고
호락호락 몸을 허락하지 않았다
섣불리 덤비다가
치명적인 상처를 입을 수 있다
단단한 벽을 뚫을 기백도 없이
무모하게 내려친 망치의 힘이
지레 꾸부러지게 했는지도 몰라
못에 걸린 어느 희화戲畵속 작고 삐쩍 마른 사내
숲 속을 유유자적 거니는데
다스릴 줄 아는 자만 정복할 수 있다

노동을 마친 후줄근한 점퍼를 걸어둘 곳이라면
천공을 감추고 저 단단한 절벽에
화려한 동백꽃이 피어날 수도 있다

느리게, 빠르게

당산역에서 동작 국립묘지를 가는데
몸보다 먼저 마음이 급행을 올라탔다
어느 시인의 시를 읽다가
나는 몇 개의 역을 지나쳐 왔다
되돌아 갈 길을 기다리는데
시간은 더디게 흘러간다

톱밥 냄새가 나는 사평은 멀어지고
새벽에 생각하다 아침을 놓쳐버린
참 어둔한 무지렁이

때로는 느림을 후회하지만
빨랐다고 다 좋은 것만은 아니다
내가 놓쳐버린 앞차에 사고를 당한 사람도 있고
대신 심야 매복 나갔다가 적탄에 죽은 전우도 있다
남은 목숨 내게 주고 간 친구들
좀 늦었던 내가 빨랐던 너를 참배한다

화병에 조화를 꽂고 유월 초두

안주 없는 술을 서로 나눈다
노숙하던 봄이 여름을 향해 가고 있다

*천양희 시집

최태랑: 2012년 『시와정신』으로 등단. 시집 『물은 소리로 길을 낸다』, 산문집 『내게 묻는 안부』. 2014년 전국계간지 작품상 수상.

소방 훈련 외 2편

표 규 현

불을 끄려고 달리는
마음에 불이 붙고
뜨거워서 참으려 하고
속 깊이 넣어두려 한다

그래도 꺼지지 않네
물을 찾아 식히랴
흙으로 덮어 죽이랴

꽁지에 불 붙어 달리고
심장이 터지게 울어대면서
불을 뿜어대고
불을 지고
불구덩이로 가고 있다

고요한 그대여
언제나 불은 잠들어
그대 품에 다가가
재가 되겠는가

그대 이마에 깊은
밤 되어 앉겠는가

푸른 머리칼 사이에
누워 잠 들겠는가

소식

소문이 눈물을 흘립니다 흐르도록 지켜볼까요 닦아줄까요 손잡이를 꼭 잡아야 넘어지지 않습니다 잡은 손은 어디 있나요 만져지나요 고드름을 우두둑 씹습니다 속은 시원한가요 물어뜯고 싶었나요 바라보던 사람들은 이제 갔나요 맑은 하늘이 수런거리네요 첫차와 막차 사이에 살아서 오랜만의 하늘인가요 몸이 편하니 마음은 어떤가요 우체통이 빨갛게 서 있군요 보낼 소식은 있나요

떠오르는 혀

혀 밑에 혀가 있네 숨죽이고 있다가 못마땅한 것이 있으면 치받아 올리네 소문을 내고 뒤에서 웃고 물고 뜯으며 서로 침을 뱉고 물가는 오르는데 할 일은 없고 주머니에는 천 원 한 장 뿐이지 함께 갈 사람이 보폭을 맞추지 않고 앞서 가네 저만큼 뒤뚱거리며 아버지의 지팡이는 따라 오시고 날은 화창한데 만날 사람은 없지 사랑도 없이 살아가니 피는 식어가지 고향은 멀어지고 취객의 아내는 문을 닫아 걸었네 그녀의 손길은 더 이상 뺨을 쓰다듬지 않고 반딧불 같던 웃음도 멀어지네 길게 뻗은 철길은 한 점으로 사라지고 한숨은 다리 아래로 떨어지네 아무도 염려하지 않는 세상을 사람들은 넓다고들 하지 떨어진 동백은 아직도 시들지 못하는데 원치 않아도 아침은 오고 지금 있는 곳을 모르겠고 있어야 할 곳을 알 수 없어 어리둥절하네 방바닥에 햇살은 무늬를 새기고 거울이 깨지니 얼굴이 아프고 술병을 따면서 서로의 안부는 묻지 않네 역에서 역으로 돌아다니고 낮에 만난 노인이 밤에 얼굴을 들어 나를 보고 있네

표규현: 1955년 경기 남양주시 조안면 출생. 2017년 『창작21』 시부문 신인상으로 등단.

[소설]

| 단편소설 |

껍데기

김 나 영

보석을 감정하는 일은 매우 까다롭다. 보석 감별용 현미경을 뚫어져라 쳐다보고 있으면, 눈은 지근거리기 일쑤이고 빈번하게 두통이 찾아온다. 하지만 진짜 보석을 증명할 수 있다는 것은 꽤나 매력적인 일이다. 그 수많은 보석 중의 가장 최고는 고귀함의 상징인 다이아몬드이다. 다이아몬드는 현존하는 보석 가운데 최고가이면서, 진품임을 증명받기 위해 가장 많이 의뢰하는 보석이라고 할 수 있다. 그렇게 내 손을 거치면 이억 원이 넘는 8캐럿짜리 진품 다이아몬드가 될 수도 있고, 이천 원짜리 큐빅이 될 수도 있는 것이다.

지금 내 앞에는 나의 감정을 기다리는 다이아몬드가 있다. 나는 젬 클로스로 살살 닦은 후 중량계에 올려놓는다. 중량 체크를 끝낸 뒤 현미경으로 품질을 평가한다. 내가 주로 보는 것은 현미경을 확대한 후 내포물의 유무를 알아보는 것이다. 다이아몬드 형성 시 주로 질소가 불순물로 들어가는데, 이것은 다이아몬드가 여러 가지 색깔을 띠게 되는 원인이라고 할 수 있다. 나는 캘리퍼스로 다이아몬드의 사이즈를 측정하고, 자외선 형광등으로 컬러를 확인한다. 육안으로는 비슷해 보여도 자외선 형광등에 비춰보면 스트롱블루부터 넌블루까지 다양한 컬러를 가진다는 것을 알 수 있다. 그런 섬세한 과정을 거쳐 감정서를 작성하게 되면, 그 다이아몬드는 비로소 그 등급에 따라 가치를 인정받게 된다.

나는 마지막으로 감정서에 내 이름과 사인을 넣는다. 다이아몬드를 감정서와 함께 케이스에 넣기 전 살며시 들어 입을 맞춘다. 다이아몬드를 마주하는 나만의 방식이다. 차갑다. 플라스틱 조각처럼 미적지근한 큐빅과는 비교할 수 없는 도도한 차가움이 있다. 형광등 불빛에 비춰보지만 주눅 들지도 않는다. 그저 자신만의 색을 발할 뿐, 주위의 어떤 색도 통과시키지 않는다. 수 많은 이미테이션이 존재하지만 세상의 어느 것도 다이아몬드를 흉내낼 수 없는 이유이다.

늘쩍지근한 비가 연신 내리는 날이었다. 가게앞 거리에는 비에 젖어 찢어진 조각신문들이 나뒹굴고 있었다. 나는 집게와 쓰레기봉투를 들고 거리로 나갔다. 얼핏 보아도 자극적인 타이틀로 도배가 된 가짜 신문들이다. 태극기부대라고 일컫는 그들이 뿌려댄 것이다. 그들은 지나는 젊은이들을 붙잡고 설교를 하기도 애원을 하기도 하며 몇 시간 버스를 타고 오는 것도 마다하지 않고 출근 도장을 찍었다. 작년 겨울 촛불의 열기가 서울 시내를 휘젓고 다닐 때부터였다. 그들의 대척점에서 태극기를 들고 거리로 나왔던 사람들. 마지막 촛불 집회도 끝이 난 지 몇 달이 지났지만 저들은 믿지 않았고, 격렬히 저항하고 또 거부하고 있다.

질기게도 바닥에 딱 달라붙어 있던 종이조각을 집게로 일일이 떼어

내느라 엄지와 검지가 욱신거렸다. 땀을 닦으며 하늘을 올려다봤다. 누런 황사가 뒤덮여 흙탕물 속에 들어와 있는 것 같았다. 나는 갑자기 숨도 쉬면 안 될 것 같은 불쾌한 기분이 들어 서둘러 가게로 들어왔다. 그 사이 내 핸드폰에 낯선 번호가 찍혀 있었다. 나는 주문한 택배가 있나 잠시 생각하다 전화를 걸어보았다. 뜻밖에도 십여 년 만에 걸려온 현주의 전화였다. 내 번호를 어떻게 알았을까? 그녀는 내가 강원도에 있을 때 옆집에 살았고, 대학을 다니며 함께 자취를 하기도 했던 둘도 없는 친구였다. 우리는 오랜 공백이 느껴지지 않을 만큼 반갑게 이야기를 나누었고, 만날 약속을 하고 전화를 끊었다. 새삼 그 시절의 현주가 떠올랐다. 현주는 슬픈 영화라도 볼라치면 커다란 눈에 진주알만한 눈물을 쏟아내며 울어 나를 당황하게 만들기도 했었고, 길을 걸어갈 때면 몇 십 장씩 되는 전단지를 거절하지 못하고 죄다 받곤 했다. 윗잇몸이 환히 들여다보일 정도로 웃는 모습이 매력적이었고, 찰랑거리는 단발머리는 트레이드 마크였다.

현주와의 추억을 떠올리다 나도 모르게 피식 웃었다. 그때였다.

"무슨 좋은 일 있어? 그렇게 웃으면 나 설레잖아."

사장이었다. 양손에 커피를 든 채 콧노래를 흥얼거리며 들어오고 있었다. 나는 새삼 웃음기를 걷어내고 어두운 얼굴로 사장을 쳐다봤다. 사장은 내 표정은 아랑곳하지 않는 듯 웃음을 흘리며 말했다.

"여기, 커피."

나는 마지못해 커피를 받아들었다. 달달한 커피에 출렁이지 않으려 애를 쓰며 말했다.

"내 얘기 생각해봤어요?"

"즐거운 커피타임을 망치면 안 되니까 복잡한 얘기는, 나중에 하자고."

나는 더 이상 말하지 못했다. 커피가 목을 타고 내려오며 내 속의 말들을 집어 삼켰다. 어차피 기대하지도 않았다. 감정할 보석들을 들고 내실로 향하다 뒤를 돌아 사장을 보았다. 사장은 아침 뉴스를 보고 있었다. 별 이야기도 아닌데 보조개가 깊이 패일 정도로 환하게 웃고 있었다. 그를 보는 내 시선이 흐린 하늘처럼 불쾌했다.

흙냄새 섞인 비가 지저분하게 내리고 있는 오후였다. 유리문이 딸랑거리는 소리가 들렸다. 뒤이어 날씨만큼 우중충한 얼굴의 한 중년 여성이 들어왔다. 그녀는 주섬주섬 가방 깊숙한 곳에서 다이아몬드 반지 하나를 꺼내 진열대 위에 놓았다. 그동안의 경력으로 미루어 볼 때 반지를 받아드는 순간 가짜임을 직감했지만, 내색하지 않고 현미경 위에 올려놓았다. 예상대로 몇 만원의 값어치도 안 되는 큐빅 반지였다. 나는 중년여성의 눈치를 살피며 괜히 다이아몬드에 대한 필요 없는 설명을 나열한 뒤, 반지가 큐빅임을 알렸다. 그러자 중년여성은 갑자기 얼굴이 일그러지더니 소리를 지르기 시작했다. 누가 봐도 진짜인 걸 왜 아니라고 하냐며, 그럴 리가 없다고 다시 한 번 살펴보라며 다그쳤다. 나는 괜히 반지를 잘 닦은 후 돋보기를 갖다 대고 다시 한 번 살펴보는 시늉을 했고, 또 큐빅임을 확인시켜줬다. 그러자 여성은 바닥에 털썩 주저앉으면서 욕설을 내뱉기 시작했다. 딱히 나를 향한 것은 아니었지만 불특정한 누군가를 향해 끊임없이 욕을 쏟아냈다. 나는 태연하게 먼지털이를 들고 보석들에 묻은 먼지를 털어내며 여성의 욕이 끝날 때까지 기다렸다. 어느새 그 중년여성은 반지를 유리 진열장 위에 올려둔 채 사라지고 보이지 않았다. 급히 중년 여성을 찾으러 거리로 나갔지만 그녀는 보이지 않았고, 중년 여성 또래로 보이는 한 무리의 사람들이 태극기를 흔들며 지나가고 있었다. 혹시나 그들 틈에 있을까 하는 마음에 한참을 쳐다보다 이내 포기하고 가게로 돌아왔다. 나는 손님이 다시 올 것을 생각해 반지를 서랍 속에 넣어두려다 가만히 들어보았다. 얼마나 오랫동안 손가락에 끼워져 있었는지 반질반질하게 닳은 반지는 큐빅이라는 것만 빼고는 아름답게 컷팅되어 있었다. 반지는 현란하게 반짝이며 나를 매혹시켰다. 물컵 안에 떨어뜨려보았다. 좀 전까지 날 유혹했던 그 빛은 어느새 사그라지고 보잘 것 없는 플라스틱 조각처럼 맥없이 누워 있었다.

그 여성에게 이 반지는 어떤 의미였을까? 사랑의 징표였을까? 어쨌든 여성은 감쪽같이 속으며 살았을 것이다. 몇 년을, 아니 몇 십 년을 자신이 믿고 있었던 무엇인가가 실은 가짜였다는 것을 알았을 때의 기분이 이해가 되었다. 차라리 영원히 몰랐으면 어땠을까? 우리 엄마처럼…… .

엄마는 작년 이맘때 돌아가셨다. 끼니를 거르기 일쑤였던 엄마가 잦은 복통으로 병원을 들락거릴 때까지만 해도 대수롭지 않게 생각했는데, 난데없이 위암 판정을 받았다. 온 몸을 장악한 암세포에 의사는 수술조차 포기했고, 발병한지 딱 일 년 만에 돌아가셨다. 임종날 엄마는 불 꺼진 숯탄 같은 얼굴에 관절인형처럼 비쩍 마른 몸으로 병상에 누워있었다. 내가 다가가도 쌕쌕이는 쉰 소리를 간신히 내며 초점 없는 눈을 껌뻑거릴 뿐 반응이 없었다. 그러다 마지막 힘이라도 쥐어짜는 듯 뼈만 남은 손을 덜덜 떨며 내 손에 반지를 떨어뜨렸다. 그리고는 아주 천천히 굳어있는 입을 겨우 벌리고선 잘 산거지? 맞지? 되묻다 눈물 한 방울을 또르르 떨어뜨리며 눈을 감았다. 그 순간 EKG모니터에서 엄마의 심장박동이 멈추는 소리가 요란하게 들렸고, 나는 털썩 바닥에 주저앉았다. 아버지는 누군가와 전화를 하고 있다 서둘러 전화를 끊었다. 그렇게 엄마는 첫사랑 아버지가 보는 앞에서 외동딸의 손을 잡은 채 세상을 마감했다.

엄마는 강원도 산골에서 태어났다. 산골에 살기에 지나치게 영민했던 엄마는 소를 팔아 대학에 보내주겠다는 약속을 받아둔 채 지난한 여름을 보내고 있었다. 여름의 끝자락에 태풍이 온 동네를 휩쓸었고, 집이며 소까지 통째로 날려버렸다. 실의에 빠져 망연자실해 있을 때 서울의 대학에서 자원봉사를 나온 아버지를 만났다. 엄마는 대학의 꿈 대신 나를 가진 채 아버지를 따라 상경했다. 그때부터 겨우 대학 2학년이었던 아버지를 대신해 엄마는 가장이 되었다. 시장통 떡집에서 일을 시작했다. 남산만한 배를 겨우겨우 지탱하며 새벽 4시면 어김없이 일어나 쌀을 씻고 빻으며 떡을 만들었다. 나는 태어나자마자 강원도 외가로 보내졌고, 엄마는 악착같이 돈을 벌었다. 자신은 하루에 세 끼가 아까워 두 끼를 먹었고, 벼룩시장에서 가져온 옷으로 평생을 보냈다. 시장통 사람들에게 사채를 빌려주며 그 돈으로 재산을 늘렸는데, 어찌나 독하게 돈을 받으러 다녔는지 사람들 모두 고개를 내젓곤 했다고 한다. 하지만 아버지에게만은 달랐다. 밥상에 같은 찌개나 국을 두 번 올린 적이 없었고, 구겨진 와이셔츠를 입히거나 먼지 앉은 구두를 신겨 보낸 적도 없었다. 아버지의 성공은 곧 엄마의 꿈이었다. 다행히 엄마의 바람은 순조롭게 이루어졌다. 훤칠한 키에 짙은 눈썹을 한 미남형의 아버지는 수려한 언변까지 갖추고 있었다. 그 덕분에 간간이 TV에 출연하며 유명세를 탔고, 대기업들로부터 연구비 지원을 독차지하며 승승장구하는 학교의 간판 교수가 되었다. 아버지의 성공은 평생을 고생한 엄마의 희생 덕분이었지만, 엄마는 항상 능력 있는 남편을 둔 것에 감사했다. 자신을 강원도 시골에서 벗어나 어엿한 교수의 아내로 만들어준 것은 다 남편의 덕이라고 생각했다. 그런 엄마가 한 번도 손에서 빼놓지 않는 것이 있었는데, 그게 바로 아버지가 선물한 다이아몬드반지였다. 그날은 아버지가 정교수로 임명된 날이자 결혼한 지 이십 년째 되는 날이었다. 아버지는 그동안 자신을 위해 헌신한 선물이라며 엄마의 손에 직접 다이아몬드 반지를 끼워주었다. 엄마는 늘 말버릇처럼 내게 반지를 물려준다고 말했고, 그렇게 생의 끝자락에 마지막 남은 힘을 짜내 반지를 준 것이었다. 나는 엄마가 보는 앞에서는 반지를 받아들었다. 하지만 의사가 엄마의 얼굴에 흰 천을 덮자마자 반지를 주머니에 쑤셔 넣었다. 아버지는 그런 내 모습을 못 본 척 시치미를 떼고 서있었다.

다이아몬드가 가짜라는 것을 안 것은 대략 십 년 전이었다. 엄마가 벗어둔 다이아몬드를 시험삼아 테스터기에 대보았다가 그저 잘 가공된 큐빅이라는 사실을 알게 되었다. 어떤 방법을 사용해도 가짜라는 사실은 한결같았다. 그때부터 나는 마법처럼 아버지의 비밀들을 하나씩 보기 시작했다. 굳건하게 믿고 있었던 진실이 깨지는 순간, 그동안 내 눈에 보이지 않았던 광경들이 눈에 들어오기 시작한 것이다.

마지막 예물 손님도 나가고 가게는 한산했다. 사장이 내 엉덩이를 슬쩍 건드리며 말했다.

"오늘 일찍 문 닫고 드라이브나 갈래? 메타세콰이어가 늘어선 멋진 길을, 발견했거든. 자기가 보면, 좋아할 것 같아서."

나는 사장의 손을 탁, 치며 신경질적으로 말했다.

"전 아직 아무 대답도 듣지 못했어요. 이런 관계가 싫다고 분명히 말했잖아요."

그래도 사장은 물러서지 않았다. 사탕을 달라고 졸라대는 어린아이처럼 비굴하게 내 손을 붙잡았다.

"아니, 우리 지은이 없으면, 못산다는 거 몰라? 난들 어떻겠냐고. 사랑 없이 살을 맞대고 살아가는 결혼생활, 죽을 맛이라니까. 그 여자하고는 진짜 사랑을 해 본적도 없어. 내 진짜 사랑은 자기밖에 없어, 정말이야. 지은인 나하고 헤어져도 살 수 있어? 우리가 같이 보냈던, 그 시간 잊을 수 있어? 난 못해. 내 심장이 이렇게 뛰는데, 어떻게 너랑 헤어질 수 있겠어?"

"그러면 이혼하세요."

"그건 또 다른 문제지. 내가 그동안 쌓아놓은 게 얼만데. 난 너한테 더 바라지 않아. 그냥 지금처럼, 지내면 안 될까? 이렇게 사랑하는데, 아내가 있다는 것만으로 헤어져야하는 건, 너무 가혹해."

"당신의 그 대답이 더 가혹하네요. 하여튼 오늘은 친구 만나기로 했어요."

나를 붙잡는 사장의 손을 놓으며 서둘러 가게를 나오다 사장을 처음 만난 날을 떠올렸다. 면접을 보러 왔던 나는 새치머리를 살짝 쓸어 올리며 커피를 권하던 그의 모습에 반해버렸다. 그는 고용주라고 하기엔 지나치게 상냥했고 다정했다. 요리를 좋아하는 그는, 아침을 먹지 않고 출근하는 나를 위해 샌드위치를 만들어오거나 예쁜 그릇에 과일을 담아 건네주곤 했다. 나는 그의 손에 끼워진 반지가 늘 마음에 걸렸고, 그와 상관없이 자꾸만 기울어가는 내 마음에 괴로워하기 시작했다. 그즈음 그가 먼저 고백했고, 나는 고백을 받아들이지 않을 수 없었다. 그렇게 관계는 깊어갔다. 그런데 우연히 친구와 들른 이탈리안 레스토랑에서 가족과 함께 식사를 하고 있는 그를 목격했다. 그의 옆에는 그의 반달눈을 꼭 닮은 예쁜 딸아이가 있었고, 맞은편엔 단정하지만 세련된 아내가 갈색 웨이브 머리를 늘어뜨리고 앉아 있었다. 그는 피자를 입에 들어갈 만한 크기로 잘게 잘라 딸아이에게 직접 먹여주었다. 그 와

중에 아내의 입가에 묻은 소스 자국을 냅킨으로 직접 닦아주는 것도 잊지 않았다. 아내는 딸아이를 먹여주느라 한 입도 먹지 못한 남편을 위해 포크로 스파게티를 돌돌 말아 남편의 입에 넣어주었다. 그러자 그는 부드러운 손길로 아내의 긴 머리칼을 어깨 뒤로 넘겨 주었다. 더없이 행복한 가정의 모습이었다. 순간 나는 둔기로 머리를 얻어맞은 것 같았다. 또한 외면하고 있던 어떤 진실을 깨달아버렸다.

나는 보석상에서 겨우 한 블록 떨어져 있는 자그마한 카페로 향했다. 나를 배려한 현주가 고른 장소였다. 십여 년 만에 만난 현주는 고수하던 짧은 머리스타일이 아닌, 긴 머리를 말아 올린 것을 제외하곤 변함이 없었다. 현주의 옆에는 현주를 꼭 닮은 다섯 살 또래의 여자아이가 앉아 있었다. 한갓진 카페가 지루한지 발도 닿지 않는 의자에 걸터앉아 조막만한 손을 턱에 괴고는 까딱까딱 발을 앞뒤로 흔들고 있었다. 현주는 내가 나타나자마자 벌떡 일어나 내 손을 와락 잡았다.

"정말 보고 싶었어. 잘 지내지?"

"그러게, 간간히 소식이라도 좀 주지. 결혼하면 다 그런 거야?"

"그게, 애 낳고 살다보니 연락도 못했네. 미안해."

현주는 사랑스런 눈빛으로 아이를 내게 소개시켰다. 아이는 엄마 가슴속에 발그레해진 얼굴을 파묻었다. 나를 슬쩍슬쩍 쳐다보는 게 갓 따온 여린 복숭아 같았다.

우리는 아이가 카페를 돌아다니는 것도 모른 채 한참이나 안부를 묻기에 바빴다. 그제야 비로소 현주가 불의의 사고로 남편을 잃고 힘들었다는 사실도 알게 되었다. 그때였다. 현주가 어떤 말을 꺼내지 못하고 주저하는 모습이 보였다.

"괜찮아, 뭐야? 하고 싶은 말 있으면 해."

어쩌면 남편 없이 가정을 꾸리기에 힘이 들어서 나를 찾아온 걸까? 돈이라도 빌려달라면 빌려줄 수 있을 것 같았다. 하지만 현주가 꺼낸 말은 뜻밖이었다.

"실은, 믿지 않을지 모르지만 종말이 곧 다가와. 계시록에 다 쓰여 있어. 지독한 가뭄과 쓰나미, 테러 조직 아이에스의 출현까지 모두 예정되어 있던 거야. 남편의 죽음은 신께서 나를 각성할 수 있도록 깨우쳐주신 것이었어."

"그게 무슨 소리야?"

"내가 신의 존재를 믿게 되니까, 내가 사랑하는 사람들이 떠오르더라. 그 중의 하나가 바로 너였어. 신은 이미 수많은 악마를 보내 인간을 시험하고 있어. 그 시험의 끝에 종말이 오는 거지. 그러니까 종말이 오기 전에 구원받는 수밖에는 방법이 없어. 우리 목사님의 설교를 한 번만 들어보면 너도 세상의 진실을 보는 눈이 생길 거야."

나는 순식간에 얼굴이 일그러졌다. 자리에서 벌떡 일어났다. 현주는 말을 조금만 더 들어보라며 내 손을 잡아끌었다. 우리가 옥신각신 하는 바람에 아이는 지레 겁을 먹고 울먹였다. 나는 아이가 놀랄까봐 다시 마음을 가다듬고 자리에 앉았다. 그러나 그 이후로는 벽을 마주한 것 같았다. 그럼에도 불구하고 현주는 이야기를 할수록 감정이 더 고조되는 듯 흐느끼기 시작했다.

"정말이야. 난 정말 너를 위해서 찾아온 거야. 구원받지 못하는 네가 너무 가여워서. 나를 따라 내가 다니는 모임에 딱 한 번만 가보지 않을래?"

나는 씨알도 먹히지 않는 소리 하지 말라고 딱 끊어 말했다. 현주는 매몰찬 내 태도에 적잖이 놀란 것 같았다. 그렇다고 구구절절 현주에게 말하고 싶진 않았다. 엄마가 이단에 빠져 병원비도 아까워하며 모은 돈을 모두 그곳에 쏟아 부었던 기억을.

현주는 내가 카페 문을 나설 때까지 내 팔을 잡으며 울먹였다. 나는 현주의 손을 뿌리치며 거리로 나왔다. 괜히 만났다 싶었다. 태극기를 든 한 무리의 사람들이 지나가고 있었다. 나는 사람들에 떠밀려 그들 틈에 섞여들었다. 멀리서 아이의 울음소리와, 큰 소리로 무슨 말인가를 외치는 현주의 목소리가 잠시 들렸다. 하지만 펄럭이는 크고 작은 태극기와 '대한민국', '정의' 같은 단어들의 외침 속에 묻혀 더 이상 들리지 않았다.

나를 붙잡던 현주의 잔상이 머릿속에서 지워지지 않았다. 현주는 그 시절 내가 실연으로 슬퍼할 때 함께 손을 붙잡고 울어준 것처럼 진심으로 나를 걱정하는 눈빛이었다. 차라리 나를 속여 등쳐먹을 오량으로 온 것이라면 차라리 나았을 것을…… .

추적추적 내리는 비 때문인지, 어젯저녁 현주와의 만남 때문인지, 그만 늦잠을 자고 말았다. 허겁지겁 준비하고 가게로 나갔는데 사장이 술 냄새를 풍긴 채 소파에 널브러져 있었다. 나는 눈을 흘기면서도 냉장고 안의 숙취해소 음료를 꺼내 그에게 건넸다. 사장은 감격한 듯 어린아이마냥 생긋거리며 내 허리를 껴안았다.

"어제 너무 속상해서 한 잔 했어, 사랑해."

사장의 손은 무척 따뜻했고, 나는 허리에 두른 사장의 손을 빼지 못했다.

사장이 가족과 함께 있던 그 모습을 목격한 이후 몇 번이고 헤어질 결심을 했다. 하지만 사장의 끊임없는 구애를 거절하지 못했다. 이성과 상관없이 들끓는 내 마음을 식힐 방법을 찾지 못했다. 그렇게 시간이 자꾸 흘렀다. 나는 드디어 사장에게 결별을 선언하며 사직서를 냈다. 사장은 내가 이곳을 그만두지 않는다는 조건을 내걸며 우리의 이별에 동의했다. 분명 이별에 동의했는데, 사장은 아직도 사랑한다고 속삭이고 있다.

황사비로 얼룩덜룩해진 종로의 도로는 토요일에도 불구하고 한적했다. 그마저 드문드문 들르던 신혼부부도 보이지 않자, 사장은 속이 쓰리다며 늦은 점심이나 먹으러 가자고 했다. 우리는 인근 한식당에서 주문한 된장찌개를 기다리고 있었다. 그때였다. 갑자기 시끌벅석해지더니 한 무리의 노인들이 가게에 들어오는 것이었다. 예고 없던 비를 고스란히 맞은 듯 옷이 몸에 착 달라붙어 있었다. 노인들은 자리에 앉자마자 비에 맞지 않게 겨드랑이에 끼워놓은 태극기들을 탁자 위에 올려놓았다. 그 중 여린 체구의 한 할머니가 훌쩍거리기 시작했다. 그러자 옆 할머니가 손을 맞잡으며 함께 울기 시작했다. 그들의 머리 위 텔레비전에서는 수갑 찬 손이 고스란히 드러난 전 대통령이 교도관의 손에 이끌려 법원으로 들어가고 있었다.

"저 노인네들, 돈 받고 시위하던 노인네들 아니야? 이젠 돈 줄 사람도 없을 텐데, 아직도 저러고 돌아다니나?"

사장은 노인들을 향해 힐끗거리며 소리를 낮추며 말했다.

"돈 받고 시위하는 사람들 같아 보이진 않아요, 저기 봐요. 서럽게 울잖아요."

사장은 된장찌개 국물을 한번 마시고는 혀를 끌끌 차며 말했다.

"노인네들은 도무지 말이 안 통한다니까, 세상 돌아가는 걸 몰라도 너무 모른단 말이야."

"아닐 거예요. 진실을 모르는 게 아니라 부정하고 외면하고 싶은 거겠죠. 진실을 인정해버리면 지금까지 그 진실을 믿고 살았던 자신의 삶이 통째로 바보가 되는 거니까…… .”

그들은 그렇게 한참이나 감정을 주체할 수 없다는 듯 울먹이다 일어나 추적추적 비 내리는 거리로 다시 나갔다. 행여나 태극기가 비에 젖을까봐 품에 꼭 안고…….

퇴근시간이 한 시간도 채 남지 않았다. 문득 달력을 보니 오늘이 아버지의 생신이었다. 내 축하를 그다지 반가워하지 않겠지만, 자식의 의무마저 저버리고 싶지 않아 퇴근하는 길에 본가로 향했다. 엄마가 돌아가시고 석 달만의 방문이었다. 우리 가게에서 가장 인기가 많은 18k 넥타이핀을 하나 사서 직접 포장을 했다. 케익을 들고 가는 건 낯간지러운 일인 것 같아 아버지가 좋아하는 참외 한 봉지를 샀다. 1층 로비에서 호출 버튼을 누르자, 누군지 묻지도 않고 문을 열어주었다. 배달음식이라도 기다리고 있었는지 초인종을 누르기도 전에 벌컥 문이 열렸고, 남산만한 배를 한 그녀가 나왔다. 아버지의 조교이자 내연녀였다. 거실 중앙에는 초가 꽂힌 생일케이크가 놓여있었고, 테이블 가득 배달음식들이 세팅되어 있었다. 나는 깜짝 놀랐다.

“이게 뭐하는 짓이에요? 엄마 돌아가신지 겨우 석 달이라구요. 엄마가 이 모습을 못 보고 돌아가신 게 다행이네요.”

나도 모르게 참외 봉지를 확 집어던졌다. 검은 비닐 속에서 빠져나간 참외가 탕탕탕, 계단을 두드리며 아래로 떨어졌다. 참외는 계단 바닥에서 퍽퍽 소리를 내며 갈라져 구역질하듯 씨앗들을 토해냈다. 꽁꽁 숨겨져 있던 아버지의 치부가 와락 쏟아진 듯 역겨웠다.

나는 아버지가 잡은 손을 뿌리치고 엘리베이터 문닫힘 버튼을 거칠게 눌러댔다. 엄마의 마지막 모습이 자꾸만 떠올랐다. 거동조차 힘들게 되어 병원에 입원하는 전날까지 엄마는 아버지의 밥상을 차리고 와이셔츠를 다렸다. 자신이 차려준 밥을 먹고 새하얀 와이셔츠를 입고 출근한 남편이 조교와 사랑놀음을 하고 있는 줄도 모르고…… .

조교라는 여자는 엄마의 장례식장에 아버지와 함께 나타났다. 아버지는 아무렇지도 않게 주위사람들에게 조교라고 소개했고, 그녀는 마치 자신이 해야 할 일인 듯 일손을 도왔다. 그러니까 그녀는 뱃속에 아버지의 아이를 가진 채 엄마의 장례식장을 헤집고 다녔던 것이다. 감히.

내가 대학을 갓 졸업했을 무렵, 아버지가 있는 대학에 편입한 후배에게서 연락을 받았다. 아버지에 관한 소문이었다. 나이가 들면서 고매한 인격자로 소문난 아버지가 실은 위선자일 것이라는 것은 어느 정도 짐작하고 있었다. 하지만 아버지는 내가 생각하는 것보다 더 추악한 사람임을 확인할 수 있었다. 대학에 대자보가 붙었는데, 아버지가 조교와 사귀는 사이라는 내용이었다. 그녀는 아버지의 초대로 우리 집에서 함께 밥을 먹은 적이 있었다. 그날 그녀는 백화점 마네킹에 입혀놓은 옷을 그대로 입은 듯 깔끔하고 세련된 유명 브랜드의 연분홍빛 원피스를 입고 있었다. 빨간 립스틱이 도드라지도록 환하게 웃으며 들어온 그녀는 알록달록하게 네일아트를 한 손을 내밀며 엄마에게 악수를 청했다. 엄마는 얼떨결에 악수를 했지만, 갈라진 마른 논처럼 쭈글쭈글한 자신의 손을 붉은 양념이 여기저기 묻은 앞치마 주머니에 얼른 찔러 넣었다. 그 순간 엄마의 얼굴이 잠시 붉어지는 게 보였지만 나는 애써 모른 척했다. 그녀는 엄마에게 사모님이라며 살갑게 불렀고, 내 취향은 전혀 고려하지 않은 고가의 원피스를 선물로 가지고 왔다. 그녀의 그런 모습이 가식적이라고 느꼈지만, 아버지와 그런 사이일 줄은 생각지도 못했다. 하지만 내가 알지 못했던 아버지의 이면은 그것만이 아니었다. 아버지는 이전에도 수차례 제자와 추문을 일으켰으며, 연구

비를 횡령하고 제자의 논문을 가로챘다. 매스컴에 몇 번 나온 이후로는 더욱 안하무인격으로 행동한다고 했다. 어릴 땐 단지 무뚝뚝하고 바빠서 딸과 많이 놀아주지 못하는 그저 그런 아버지 중의 하나일 것이라고 생각했지만, 길거리 노점상 큐빅 반지보다도 못한 싸구려였던 것이다. 그런 싸구려를 값비싼 다이아몬드처럼 아끼고, 희생하고, 또 감사하며 생을 마감했던 것이다. 엄마는…… .

아버지의 아파트에서 뛰쳐나오는데 핸드폰이 계속 울렸다. 아버지일 것이라 생각하고 받지 않았다. 그런데도 벨소리는 멈출 생각을 하지 않는 듯 울려댔다. 아버지의 변명이라도 들어볼 요량으로 통화버튼을 눌렀는데, 아버지가 아니라 현주였다.

"지난번에 너무 갑자기 그런 말을 해서 무척 당황했지? 너도 알잖아? 나, 친구라곤 너밖에 없는 거. 그래서 포기 못하겠어. 악마가 널 구원받지 못하게 막고 있는데, 그걸 뻔히 알면서 가만히 있을 수 없잖아. 네가 어떤 친구인데. 우리 목사님께 네 얘기했어. 한번 얘기만이라도 들어봐 줘, 응? 부탁이야."

나는 대꾸도 하지 않은 채 종료버튼을 눌렀다.

화가 머리끝까지 치밀어 올랐다. 당장 누구라도 만나서 풀지 않으면 폭발할 것 같았다. 핸드폰 연락처를 검색하다 결국 사장에게 전화를 걸었다.

"나 술 좀 사줘요."

"어? 어? 알았어, 알았어. 어디야? 지금 당장 갈게. 누가 부르는데. 당연히 가야지."

전화를 끊었다. 진짜 사랑이 아닌 줄 알면서도 나는 또 사장을 불러내고 있었다. 아니, 가짜라도 좋다. 이 가짜에게라도 위로받고 싶었다.

보석상에 오래간만에 결혼을 앞둔 예비부부가 찾아왔다. 앳된 얼굴의 여자는 또각또각 경쾌한 구두 굽 소리를 내며 신난 듯 보석상을 헤집고 다녔다. 여자의 옆에서 지친 기색이 역력한 남자에게 믹스커피 한 잔을 건네려는 순간, 유리문에 매달아놓은 풍경이 요란하게 딸랑거렸다.

"아가씨, 내 반지 어떻게 했어요? 그거 팔아버린 거 아니지요? 그럼 내가 가만있지 않을 거예요."

"팔다니요, 제가 잘 보관하고 있어요. 그거 가시러 오셨어요?"

"그럼요, 그게 어떤 다이아몬드반지인데. 내가 남편에게 다 물어봤어요. 여기 감정서 한번 보세요. 이거 진짜 맞지요? 내가 가짜라고 했을 때 어쩐지 이상하다고 생각했다니까. 실력도 형편 없으면서 무슨 감정을 한다고, 빨리 줘요. 내 다이아몬드반지!"

"그 감정서 잠깐만 봐도 될까요?"

"아니, 필요 없어요. 반지나 빨리 줘요."

중년여성은 어떤 말도 더 들으려고 하지 않았다. 내가 아무리 가짜라고 이야기해도 절대 믿지 않을 눈치였다. 나는 아무 말 없이 반지를 돌려주었다. 중년여성은 반지를 받아들고 돌아가려다 눈이 마주친 남자에게 말했다.

"거기 총각. 이거 한 번 봐봐요. 이렇게 반짝이는 다이아몬드가 가짜라고? 말이 되냐고, 말이."

어쩔 줄 몰라 하는 남자를 막아서며 내가 말했다.

"그럼 다시 검사해 볼 테니 애꿎은 손님은 놔두시죠."

"아니, 됐어. 뭘 믿고 내 다이아몬드 반지를 또 맡겨요? 됐어, 됐어. 그냥 젊은 아가씨가 그렇게 살지 말라고 내가 말해주는 거야, 알았어요?"

중년여성은 행여나 다시 검사라도 하자고 할까봐 두려워서인지 곧장 유리문 밖으로 사라졌다. 나는 남자에게 죄송하다고 인사를 했다. 그는 개의치 않은 듯 고개를 끄덕였다. 그러는 사이, 여자는 진열장 한가운데서 빛나고 있는 5캐럿 다이아몬드에 시선을 뺏기고 있었다.

"보여드릴까요?"

"네. 한 번만 보여주세요."

떨떠름한 표정의 남자는 안중에도 없는 듯 여자는 과한 표정을 지으며 자신의 손가락에 꼭 들어맞는다며 박수를 쳤다. 하지만 반지 케이스에 적혀 있던 가격을 보고 사색이 된 남자는 반지를 어서 빼라며 눈짓을 했다. 내가 슬쩍 다른 반지를 꺼내며 말했다.

"이거랑 디자인이 정말 비슷한 큐빅 반지가 있는데 한번 보실래요? 커팅이 참 세련되게 잘 된 상품이거든요."

남자는 끄덕임으로 동의했다. 그러나 여자는 싫다는 듯 손사래를 치며 말했다.

"아니요, 괜찮아요. 어차피 다이아몬드가 아니잖아요. 내가 속아서 다이아몬드인 줄 알고 샀다면 모를까, 가짜인 걸 뻔히 알면서 뭣 하러 사요?"

그렇게 예비부부는 결국 저렴한 3부짜리 다이아몬드 반지를 사 갔다. 감정서가 있는지 꼼꼼히 확인하면서 …….

예비부부가 나간 후, 사장이 뜬금없이 말했다.

"지난 번 자기 엄마 가짜 다이아몬드 반지는 어떻게 됐어?"

"네?"

"자기 어머님이 돌아가시기 얼마 전, 마침 자기가 휴가 중일 때 다이아몬드 반지를 들고 가게로 찾아오셨어."

"뭐라구요? 엄마가 가게에 오셨다구요?"

“그래, 다이아몬드를 감정해달라고 하더군. 병색이 짙은 어머니가 행여나 진짜로 믿고 있던 반지가 가짜로 밝혀지면 충격 받으실까봐 주저했더니, 알고 있다고 하시더군.”

“엄마가 알고 있었다고요? 그게 가짜라는 걸요?”

“그럼, 알고 계셨어. 이미.”

“그랬군요, 알고 계실 것이라곤 전혀 생각지도 못했는데, 정말.”

엄마는 분명 말했다. 숨이 언제 끊어질지 모르는 경각을 다투는 그 순간에, 자신은 잘 살았다고 하며, 심지어 다이아몬드 반지를 내게 물려주겠다고 했다. 빌어먹을 남자를 만나서 속고 살았다고, 그동안 고생한 거 되돌려 놓으라고 저주를 퍼붓는 대신에……. 어떤 마음이었을까? 죽음의 기로에서 거짓말을 할 사람이 있을까?

인류의 역사를 돌이켜보면 금을 만들어내는 연금술만큼이나 다이아몬드를 만들어내려는 많은 시도가 있었다. 천연다이아몬드는 금강석이라고 불리며 탄소 원자로만 구성된 것으로 원자 배열 방식에 따라 다이아몬드가 된다. 반면 큐빅이라고 불리는 인조 다이아몬드는 원 명칭이 큐빅 지르코니아로 그 성분이 산화지르코늄으로 이루어져 있다. 둘은 육안으로는 쉽게 구별할 수 없지만 그 탄생에 있어서 전혀 다른 성분으로 이루어져 있으며 값어치 또한 비교할 수 없을 정도로 차이가 크다. 연금술로 금을 만들어내는 것이 애초에 불가능한 것처럼, 큐빅은 영원히 다이아몬드가 될 수 없는 것이다.

텔레비전에서는 전 대통령의 재판이 열리고 있었다. 카메라는 자신의 잘못을 뉘우치기커녕 꾸벅꾸벅 졸고 있는 전 대통령의 얼굴을 한참이나 비추고 있었다. 이윽고 카메라가 움직이고 방청석에 자리한 한 무리의 사람들 모습이 화면에 나타났다. 그들은 마치 박해받는 순교자를 향해 절규하듯 '대통령님 사랑합니다, 대통령님 힘내세요' 라며 외쳐댔다. 이번 재판은 벌써 여섯 번째 열리는 것이었다. 처음에 재판을 보기 위해 추첨까지 하며 방청하던 일반인의 관심도 시들해졌는데, 저들은 기를 쓰고 재판에 나와 목청껏 외치고 있다. 사장이 얼굴을 찡그리며 채널을 돌렸다. 뉴스가 나오고 있었다.

- 서울의 한 주부가 세 살짜리 아들을 몽둥이로 수십 차례 때린 혐의로 강서경찰서에 입건되었습니다. 이웃의 신고로 출동한 경찰은 피투성이로 쓰러져 있는 세 살짜리 아이를 발견하고 곧 인근 병원으로 이송했다고 합니다. 이웃에 따르면 아이의 엄마가 최근 한 사이비 종교에 심취해 있었다고 알려져 있었습니다. 이 여성은 자신의 행동이 아이의 몸속에 깃든 악마를 떼어내기 위해 한 행동이었다고 주장하고 있으며, 폭력에 함께 가담한 모 교회의 목사도 추가 입건하여 조사할 예정이라고 합니다.

멘트가 끝나자, 수갑을 찬 채 경찰의 손에 이끌려 가는 여성의 모습이 화면에 들어왔다. 엄마라고 부르기에 지나치게 앳된 여자는 주변의 소음 때문에 잘 들리지 않았지만 끌려가는 와중에도 연신 뭐라고 외치고 있었다. 나는 리모컨 볼륨을 최대한으로 올렸다.

"제가 우리 아이를 얼마나 사랑하는 줄 아십니까? 그런 제가 왜 이유도 없이 아이를 때립니까? 억울합니다. 정말 억울합니다. 아들의 몸속에 악마가 있었다고요. 제가 이 눈으로 똑똑히 봤단 말입니다. 억울합니다. 정말 악마가 있었다고요, 악마가."

밤새 꿈에 시달렸다. 꿈속에서 나는 어느 사이비 교회의 예배당에 앉아 있었다. 목사로 보이는 사람은 쉿소리를 섞어가며 신도들을 향해 고함인지 설교인지를 끊임없이 내뱉고 있었고, 나는 사람들 틈에 섞여 이유도 모른 채 울부짖고 있었다. 나는 그게 꿈이라는 것을 분명히 알고 있었다. 하지만 억지로 깨어나면 다시 꿈속의 예배당으로, 깨어나면 다시 예배당으로 자꾸만 자꾸만 되돌아갔다. 그렇게 몇 번을 되풀이하다 잠에서 깼다. 온 몸이 식은땀으로 젖어 있었고, 장거리 경주라도 한 듯 욱신거렸다. 하지만 웬일인지 정신은 비갠 하늘처럼 더 또렷하고 명쾌해졌다. 서랍에 넣어두었던 사직서를 가방에 챙겨 가게로 향했다.

가게에 들어가자마자 문을 활짝 열고 환기를 시켰다. 바닥 물청소를 하고 유리 세정제로 진열장을 반질반질하게 닦았다. 어제 감정 의뢰가 들어왔던 보석 몇 개를 감정하고 있는데, 사장이 커피 두 잔을 들고 출근했다. 내가 좋아하는 브랜드의 카라멜마키아또였다. 아침엔 늘 달달한 커피를 좋아하는 내 취향을 고려한 것이었다. 나는 기분 좋게 커피를 마셨다. 그리고는 마침내 밀린 숙제를 끝내듯 사장에게 사직서를 내밀었다. 사장은 너무 놀란 듯 입을 떡 벌린 채 아무 말도 하지 못했다. 나는 사장의 대답을 기다릴 필요도 없이 가방을 챙겨 들고 밖으로 나왔다. 가게를 나오는 내 뒤에서 사장의 고함소리가 들렸다.

"사랑해, 사랑한다고. 자긴 나 없이 살 수 있어?"

나는 뒤돌아보지 않았다. 이 순간만큼은 좀 무례해도 상관없을 것 같았다. 걸음을 빨리했다.

하늘을 올려다보았다. 오래도록 이어질 것 같았던 황사를 모조리 걷어낸 듯 거짓말같이 깨끗했다. 투명한 하늘을 통과한 햇볕이 내 눈 속으로 내리꽂혔다. 나는 눈을 찌푸리면서도 기분이 나쁘지 않았다. 바쁜 발걸음을 재촉하는 사람들 틈에서 콧노래를 부르며 걸었다. 그리고 혼잣말을 중얼거렸다.

'큐빅은 절대 다이아몬드가 될 수 없어.'

김나영: 1977년 대구 출생. 2016년 『작가연대』 소설부문 신인상으로 등단.

| 단편소설 |

그 해 겨울

이용언

누굴까!

지나치는 시선은 아니다. 책을 덮고 전철 안을 둘러봐도 아는 얼굴이 없다. 촛불집회 현장에서부터 느꼈던 시선이다. 시청역에서 탄 맞은편 수녀는 책에서 눈을 떼지 않는다. 베일과 이마 사이 머리가 반백이다. 서늘한 이마, 선이 뚜렷한 인중과 단아한 입술이 낯설지 않다. 전철이 홍대입구역에 들어섰다. 내리는 승객들 사이로 비집고 들어 온 할머니가 잰걸음으로 자리를 채운다. 앞에 서있는 병사 큰 손이 빨갛게 텄다. 부대 마크가 눈에 익은 백골이다. 가슴이 시리다.

그해 겨울. 나는 첫 휴가를 마치고 귀대 길에 올랐다. 내 옆 좌석에 앉은 여자는 성에 낀 차창을 닦으며 무연히 허공을 바라봤다. 산이 강으로, 강이 들로 바뀌어도 그녀는 허공만 바라봤다. 가끔 창을 닦는 엄지와 검지 손톱 끝이 연한 풀색으로 물들었다. 구불구불한 비포장도로를 달리는 버스가 덜커덕거릴 때마다 그녀 어깨가 내 어깨를 스쳤다. 차가 강을 벗어나 들녘으로 접어들었다.

"어디서 복무하고 계세요?"

"철원에 있는 백골부대입니다."

그녀의 물음에 내가 답했다. 한겨울 그곳 기온이 영하 30도를 오르내린다는 말에, 손이 문고리에 쩍쩍 달라붙는다는 말에 그녀가 으스스 떨었다. 구례를 출발한 지 세 시간이 지나 광주 버스 터미널에 도착했다. 함께 다방에 들어갔다.

"서울은 어떻게 올라가실 건가요?"

"군용열차를 타고 갈 겁니다."

그녀의 조심스러운 물음에 내가 답했다.

"군용열차에 민간인도 탈 수 있나요?"

"그럼요."

그녀 얼굴이 밝아졌다. 송정리역을 출발한 열차는 통금이 해제될 즈음 용산역에 도착했다. 역 광장 이곳저곳에 짙게 화장한 여인들 병사들 옷소매를 끌었다. 앞서가던 병사가 여인 손에 이끌려 붉은 창문으로 들어갔다.

그녀와 함께 역 광장을 빠져나왔다. 나는 잰걸음으로 뒤따르는 그녀 구둣발 소리에 귀를 세우고 여관을 향해 걸었다. 휴가 길에 오른 나에게 '얀마, 너 아직 총각딱지 못 뗐지?' 최병장이 킬킬대며 물었었다. '침대에 오르기도 전에 사정해버렸지 뭐야. 여자가 얼마나 무시하던지……' 최병장 말이 떠올랐다. 나는 일을 잘 치를 수 있을까 하는 두려움이 밀려오기 시작했다. 순간 규칙적으로 또각또각 뒤따르는 하이힐 소리도 거슬렸다. 여관에 다가갈수록 가슴이 졸아 들고 하이힐 소리가 귀를 쪼아댔다. 조금 전까지 바지 앞섶이 터질 듯 솟아올랐던 페니스가 볼품없이 쪼그라들었다. 여관을 지나쳤다. 전봇대 하나 건너 여관이 보였다. 마지막 여관이었다. 그 곳에 들어가려면 길 왼쪽 가장 자리로 들어섰어야 함에도 나는 자꾸 오른쪽 다방 쪽으로 치우쳐 걸었다. 지금 어디로 가자는 거야! 하이힐 소리가 짜증을 냈다. 한번 수그러진 페니스도 좀체 일어설 줄 몰랐다. 여자를 앞세울 걸 그랬나! 아니지, 처음 만난 남자와…… , 아무렴 여자인데…… . 그 여관도 지나쳤다. 아니, 지금 뭐하자는 거야! 너 군인 맞아? 등신. 그녀가 외치는 것 같았다. 나는 다방으로 들어섰다. 의자에 앉으니 큰일을 해낸 것처럼 후련했다. 월남 파병 지원을 놓고 망설이다 끝내 포기했을 때처럼 아쉽기도 했다.

말도 그녀가 먼저 걸어왔고, 광주역에서 특급열차를 타지 않고 굳이 송정리역까지 와서 군용열차를 탄 것도 그녀였다. 그런 그녀 행동이 미심쩍기는 했지만, 말수가 적고 다소곳한 몸가짐이 헤픈 여자는 아닐 듯싶었다. 그런데도 처음 만난 군인에게 베푼 호의는 이해할 수 없었다. 깜박 잠이 들었다. 눈을 뜨니 그녀는 신문을 읽고 있었다. 신문은 며칠 전 일어났던 대연각 호텔 화재사건을 대서특필로 다루고 있었다.

다방을 나왔다. 그 새 눈이 세상을 하얗게 덮었다. 덕수궁에 갔다. 돌담을 따라 걸었다. 팔짱을 낀 연인들과 손을 잡은 연인들이 간간히 지나쳤다. 줄곧 떨어져 걷던 그녀가 바짝 다가와 팔짱을 꼈다. 그녀 뺨이 발그레 물들었다. 정동교회 예배당 종소리가 울렸다. 그녀 손이 야전잠바 주머니 속으로 들어왔다. 굳은살이 박인 억센 손으로 가녀린 손을 꽉 쥐었다. 땀이 진득거렸다.

돌담길을 벗어나 MBC 방송국 못 미쳐 모퉁이에 있는 다방으로 들어섰다. 누런 황이 덕지덕지 굳은 함석 연통이 유난히 커보였다. 난로 위 헐거워진 물 주전자 뚜껑이 딸가닥, 딸가닥 댔다. 그녀는 자리에 앉자

마자 일어나 공중전화 부스로 다가갔다. 전화를 하고 돌아오는 모습이, 차분히 자리에 앉은 모습이, 그녀는 오늘 나와 함께 할 것 같았다. 어디서 무엇을 하는 여자일까!

다방을 나온 우리는 시내를 돌며 하루를 보냈다. 밤이 깊어갈 무렵 한동안 앞장 서서 걷던 그녀가 거침없이 한옥 여관으로 들어가 나를 머쓱케 했다. 뜻밖에도 그녀는 내가 묵을 호실을 확인한 후 내일 오겠다며 여관을 나섰다. 그녀 집이 이 근처란다. 나는 우두커니 서서 팽팽히 부풀어 오른 페니스를 만지며 어둠 속으로 사라진 그녀의 긴 다리를 훔쳤다.

방에 누워 빛바랜 꽃무늬 벽지를 봤다. 이틀 동안 벌어진 일들이 무엇에 홀린 기분이었다. 수첩을 폈다. 서대문구 영천동 영천시장 입구 공화약국을 왼쪽으로 끼고 첫 번째 골목에서 세 번째 집, 문패 허준호. 약도도 그려져 있다. 전화번호는 없다. 같이 휴가를 나온 동기생 허 일병이 적어준 그의 집 주소와 약도다. 나는 녀석이 내 총각 딱지를 떼어주겠다고 약속을 해, 하루 앞당겨 상경하던 참이었다. 지금이라도 녀석을 찾아 가볼까? 하는 생각에 여관 아주머니에게 이곳이 어디쯤 되느냐고 물었다. 체부동이란다. 영천시장까지는 삼십여 분 걸린단다. 자리를 폈다. 총각딱지는 귀대하기 전 낮거리로 떼면 될 일이었다.

달빛에 투영된 앙상한 나뭇가지가 창문에 드리웠다. '찹쌀떡~, 메밀묵~' 앳된 머슴애 외치는 소리가 멀어져 갔다. 통행금지를 알리는 사이렌 소리가 들렸다.

전동차는 합정역을 지나 당산역을 향해 철커덕, 철커덕 강 위를 달린다. 눈발이 졸음에 겨운 강물 위로, 건너편 거대한 조형물 위로 거침없이 내린다.

아침 문을 두드리는 소리에 잠을 깼다. 코발트색 코트를 걸친 그녀가 환하게 웃었다. 그녀를 만난 지 사흘째. 그날 그녀와 나는 피카디리 극장에서 오드리 헵번 주연의 로마의 휴일을 봤다. 단성사에서 쇼도 봤다.

쇼가 끝난 것은 오후 늦은 시간이었다. 밖에는 함박눈이 내리고 있었다. 서둘러 극장을 빠져나와 택시를 잡았다. 마장동 터미널에 도착하니 막차는 십십 분 전에 떠났단다. 오늘 귀대를 하지 못하면 나는 탈영병. 눈앞이 노랬다. 그녀 안색도 창백했다. 그녀는 우리가 타고 왔던 택시에 서둘러 오르며 김화행 버스를 잡아 달라고 채근했다.

"오드리 헵번은 짧은 머리가 잘 어울리지요?"

내 딴엔 긴장을 푼다고 한 말이지만, 그녀는 어이없는 표정으로 나를 쳐다봤다. 그녀는 나를 쳐다볼 때마다 긴 머리를 약지와 새끼손가락으로 살짝 잡아 귀 뒤로 넘겼다. 그때마다 드러나는 귀는 얇고 투명했다.

택시는 포천을 지나고 산굽이를 돌아서야 버스를 잡았다. 나는 허겁지겁 버스에 올랐다. 탈영병 신세는 면했다는 안도감이 드는 순간 나는 옆자리에 있는 그녀를 보며 놀랐다. 그녀도 놀랐다. 타고 왔던 택시는 떠나고 없었다. 그렇다고 산중에서 그녀 혼자 내릴 수는 없었다. 날이 어두워 갔다. 산이 깊어졌다. 가끔 지축을 흔드는 탱크들이 지나갔다.

버스가 일동에 들어섰다. 상가들은 문을 닫고 거리는 썰렁했다. 툭 터진 정류장에 차라곤 우리가 타고 온 버스뿐, 알전구 하나가 사람 없는 썰렁한 대기실을 지켰다.

출발시각이 코앞인데 서울 가는 막차는 오지 않았다. 그녀는 내 손을 잡고 안절부절못했다. 차창 밖 사철나무가 눈을 털었다. 빈 깡통이 뻥 뚫린 대기실 시멘트 바닥 위를 요란스럽게 굴러다녔다. '뭔 놈의 눈바람이 이리도 몰아칠까. 무사히 도착할런지 원…… .' 기사가 두런거리며 시동을 걸었다. 그녀는 미동도 하지 않았다. 엔진 소리가 커지고 차가 서서히 움직였다. 내려야지요? 입안에서만 맴돌았다. 내려야지요? 속으로 그녀를 채근할 때마다 회오리바람은 기다렸다는 듯이 눈 기둥을 만들어 차창을 때렸다. 그때마다 내 손을 잡고 있던 그녀 손이 바들댔다. 버스는 터미널을 나와 천천히 일동 거리를 달렸다. 와이퍼가 부지런히 움직이며 눈을 밀어냈다. 가끔 지나친 군용 차량 헤드라이트가 창백한 그녀 얼굴을 비췄다. 버스는 비포장 눈길을 기어갔다.

엔진 소리가 고르지 못할 때마다, 전면 형광 분침이 움직일 때마다, 이곳은 비무장지대다. 전쟁은 아직 끝나지 않았다. 휴전일 뿐이다. 해지기 전 귀대하라. 아홉 시면 탈영병이다. 다섯 명 뿐인 휴가병을 세워놓고 훈시하던 중대장이 떠올랐다. 말끝마다 자기가 한 말을 되씹듯 지근거리는 턱이, 유난히 최전방임을 강조하며 나를 바라보던 칼눈이 섬뜩했다. 내 손을 꽉 쥐고 있는 그녀를 보자 마음은 더 심란했다. 우리 대대가 주둔하고 있는 동네에는 여관이 있을 턱이 없었다. 와이퍼가 파드득파드득 유리를 긁었다.

3박 4일 동안 집에 들어가지 않는 이 여자는 어떤 여자일까? 버스는 저녁 8시가 넘어서야 내가 복무하고 있는 부대 인근 생창리에 들어섰다.

그녀와 나는 정류장에서 내렸다. 눈이 그친 휑한 들판에서 스산한 바람이 불어왔다. 그녀가 몸을 웅크렸다. 가느다란 달과 별이 차가운 하늘을 지켰다. 멀리서 늑대 우는 소리가 들렸다. 왕성하게 짖던 개 울

음이 그쳤다. 그녀가 내 팔을 으스러지게 잡았다. 늑대의 긴 울음이 달빛을 탔다. 하늘이 울었다. 그때

'친애하는 장병 여러분, 추위에 경계를 서느라 얼마나 고생이 많으십니까. 우리는 위대하신 수령님 영도 아래 몸도 마음도.…… .' 고성능 스피커 소리가 귀를 때렸다. 그녀가 내 품으로 와락 파고들었다. 그녀를 감쌌다. 어깨가 작았다. 오들오들 떨고 있었다. 별이 떨어지고 늑대 울부짖음이 그쳤다. 멀리서 희미한 불빛이 보였다. 선임병들의 심부름으로 들락거렸던 구멍가게였다. 발걸음을 재촉했다. 가게 아주머니가 휘둥그레진 눈으로 우리를 맞이했다. 아주머니는 우리가 들어 설 때도, 보리차를 따라 줄 때도 연신 벽시계를 쳐다봤다.

미 제국주의…… 를 실어 보내던 다부진 스피커에서 노래가 나왔다. 노래는 그들 억양만큼이나 마디마디 힘이 넘쳤다. 아주머니가, 내가 벽시계를 볼 때마다 그녀는 파리해져 갔다. 노래가 끝나고 다시 미 제국주의…… 스피커가 울렸다. 탈영보고 삼십 분 전. 이곳에서 부대까지는 십 리 길. 나는 더는 지체할 수 없었다. 문을 열었다. 바람이 눈을 밀고 들어왔다. 나는 문고리를 잡은 채, 미동도 없는 그녀를 봤다. 그녀 눈자위가 붉었다. 아주머니가 문고리에서 내 손을 떼어냈다. 등을 완강히 떠밀었다. 떨어지지 않던 발걸음이 한 발자국 내딛자 몸이 용수철처럼 튀었다.

미끄러지고 넘어지며 뛰고 또 뛰며 눈 위를 달렸다. 숨이 턱에 닿았다. 다리도 풀렸다. '탈영보고다. 탈영보고다.' 침을 꿀꺽 삼키며 다시 달렸다. 입안이 타들어 가고 구역질이 나왔다. 눈도 스르르 감겼다. 그때 멀리서 노란 불빛이 보였다. 말소리도 들렸다. 위병소였다. 힘을 얻었다. 위병에게 경례를 부치는 둥 마는 둥 중대장실로 뛰어 들었다. 중대장 머리 위 동그란 벽시계가 3분 전 9시를 가리키고 있었다. 지휘봉

을 들고 좁은 방을 오가던 중대장이 나를 보자 우뚝 섰다. 순간 안도의 빛이 지나가던 중대장 얼굴이 다시 굳어졌다. 그는 허리에 양손을 짚고 짧은 다리를 벌린 채 숨을 몰아쉬는 나의 눈을 째려보기 시작했다. 내가 속한 3소대 선임하사인 김 중사는 쇠꼬챙이로 난로 속을 후비며 흘끔 나를 쳐다봤다. 나는 중대장을 향하여 거수경례를 붙이며 한껏 외쳤다.

"일병 이수연, 무사히 귀대하였음을 보고합니다. 멸공."

"뭐? 무사히? 지금 몇 시인데? 이 새끼 맛이 완전히 갔구먼! 엉?"

중대장이 군홧발로 내 정강이를 찼다. 앞으로 고꾸라진 나는 벌떡 일어났다. 한쪽발로 겅중겅중 뛰며 부동자세를 취하려 안간힘을 썼다. 평소 새끼 자를 입에 달고 살던 그는 그날도 말끝마다 '새끼'를 붙였다. 그 말마디마다 침방울이 되어 내 얼굴로 튀었다. 김 중사는 애꿎은 난로 뚜껑만 여닫으며 쇠꼬챙이로 시뻘건 불을 쑤셔댔다. 그는 잠시 후 벌겋게 달아오른 쇠꼬챙이를 꺼내 들었다. 쇠꼬챙이에 비친 그의 벌건 눈이 파르르 떨렸다. 점호가 끝난 그 시간 그가 중대장과 함께 있다는 것은 내 귀대 문제를 이야기하고 있었음이 분명했다. 내가 소속한 3소대는 소대장이 공석이었던 관계로 김 중사가 소대장 직무대리를 맡고 있었다.

"어이, 김 중사, 이 겁대가리 없는 새끼, 빳따 맛 좀 보여 줘."

다리를 벌린 채 '새끼' 자를 연발하고 있는 중대장을 뒤로하고 나는 머리 하나는 더 큰 김 중사를 따라 내무반으로 들어섰다. 선임 병 뿐인 소대원들이 일제히 나를 쏘아봤다. 김 중사는 곡괭이 자루를 들고 복도 끝과 끝을 오가며 버럭 외쳤다.

"이 쫄병 놈의 새끼가, 여기가 어디라고 탈영보고 삼 분 전에 들어와. 엉?"

그는 복도 끝에서 돌아설 때마다 곡괭이 자루로 벽 모서리를 내리쳤다. 그때마다 유리창은 떨리고 소대원들이 흠칫흠칫 놀랐다.

"이 새끼 콱……,"

그가 군홧발로 올려 차기를 계속 했다. 그 발이 내 코앞을 지날 때마다 휙휙 바람을 갈랐다. 그는 평소 체벌을 할 때마다 말마디 사이 양념처럼 발길질을 해댔다. 그 뒤에는 언제나 빳다가 기다렸다. 그날도 역시 그랬다. 나는 마루 모서리에 엎드렸다.

"열다섯 대만 맞아라."

나는 눈을 질끈 감았다. 침묵이 흘렀다. 빳다는 맞을 때보다 기다릴 때가 더 힘들었다. 엉덩이에 힘을 잔뜩 주며 연신 마른침을 삼켰다. 퉤퉤 손바닥에 침 뱉는 소리가 들렸다. 팔과 다리가 바들바들 떨렸다. 엉덩이가 화끈거렸다. 철버덕, 때리는 소리는 요란했는데 예전 김 중사 손맛이 아니다.

"지금 장난하는 거야? 뭐야? 그것도 빳다라고 때리나? 이리 내놔."

김 중사가 목소리를 한껏 높였다. 나는 뒤를 돌아봤다. 곡괭이 자루를 쥐고 있는 병사는 나를 아껴주던 최 병장이었다. 곧 이어지는 빳다에 나는 두 대를 버티지 못하고 고꾸라졌다. 쓰러지고 쓰러져도 김 중사는 빳다 치기를 멈추지 않았다. 그는 기어이 열다섯 대를 다 채우고서야 곡괭이 자루를 던졌다. 내무반 바닥에 너부러져 있는 나를 동료가 부축했다.

나는 한 시간쯤 지나 무작정 중대장실로 들어갔다. 절뚝거리며 들어서는 내 모습에 중대장이 이맛살을 찌푸렸다. 귀대가 늦어진 전후 사정을 간략하게 보고했다. 중대장 입가에 싸늘한 웃음기가 번졌다.

"이 일병, 짬밥 얼마나 먹었나?"

아차 싶었다. 그가 한동안 심각한 표정을 짓더니 이곳저곳 뒤지기 시작했다. 가방에서 열쇠를 꺼내며 부드럽게 말했다.

"이 일병! 내 하숙집에서 자고 내일 귀대해라."

그는 생창리 하숙집 위치까지 자세히 알려줬다. 눈물이 핑 돌았다. 그가 김 중사를 불렀다.

"이 일병에게 내 하숙방에서 자고 오라고 했다. 외박을 허락하지 않으면 정말로 탈영할 것 같아서 말이야."

하며 껄껄댔다. 중대장으로부터 내가 늦게 귀대한 사연을 들은 김 중사는 밖으로 나와 그 큰 손바닥으로 내 등을 탁 치며 씽긋 웃었다.

"내일 정오에 귀대한다는 거 잊지 마라. 알았지? 담배도."

오늘 김 중사 생일일까? 나는 아침 기상할 때마다 제발 오늘 하루만이라도 그가 나를 부르지 않기를 바랐다. 쓰리던 엉덩이도 아프지 않았다. 눈 위에 거꾸로 찍힌 발자국을 지우고 지우며 뛰었다. 차가운 달빛도, 귓전을 때리는 시린 맞바람도 좋았다. 눈가루가 눈 위를 쓸었다. 길가에 듬성듬성 서 있는 마른 옥수수 대가 이따금 불어대는 바람에 사그락 댔다. 가게 문을 두드렸다. 불이 켜지고 아주머니가 창문을 열었다. 잠시 후 그녀가 코트를 입은 채 방을 뛰어와 나를 와락 안았다. 우리는 아주머니를 따라 중대장 하숙집에 갔다. 나는 따뜻한 아랫목에 앉으며 그녀에게 앉기를 권했다. 그녀는 엉거주춤 서 있기만 했다. 내가 대충 씻고 방으로 들어올 때까지도 그녀는 방에 들어오던 그대로 서 있었다. 잠시 침묵이 흘렀다.

그녀는 무거운 분위기를 피하려는 듯 가방에서 무언가를 꺼내 들고 밖으로 나갔다. 한참 지나서야 문이 열리고 물기 서린 발이 방문턱을 넘어왔다. 엄지발톱에 칠한 빨간 매니큐어가 형광등 불빛에 더 붉었다. 왜 그런 물을 먹고 사는 여인들은 매니큐어 바르기를 좋아할까! 그것도 빨간 매니큐어를…… . 이 여인도 그런 물을 먹고 사는 것은 아닐까?

수건으로 머리를 위로 싸맨 그녀 민낯이 하얬다. 나는 맥주 서너 잔을 거푸 마셨다. 그녀도 단숨에 한 잔을 들이켰다. 술기운 탓일까, 방안 온기 탓일까, 그녀 얼굴이 금방 발그레 졌다. 그녀가 갑자기 무릎에 얼굴을 묻고 어깨를 들썩였다. 그녀 얘기는 이랬다.

그녀는 동아리 모임에서 일 년 선배를 만났다. 학생 운동으로 갖은 고초를 겪던 그가 입대하면서 모든 것이 잠잠해지는 듯했다. 입대 팔 개월 후 그는 월남으로 파병을 갔다. 일주일이 멀다 하고 주고받던 편지가 뚝 끊어졌다. 불길한 생각이 머리를 떠나지 않았다. 그녀가 할 수 있는 일이라고는 계속 편지를 보내는 것뿐이었다. 한 달이 지나고 또 반달이 지날 즈음 그의 여동생으로부터 연락이 왔다. 여동생은 초췌한 얼굴로 오빠가…… 하며 말을 잇지 못하고 흐느끼기만 했다. 그가 입대한 지 일 년 육 개월만이었다.

여동생을 따라간 그의 묘지는 고향 마을 섬진강이 내려다보이는 지리산 자락에 있었다. 고인 유지에 따라 국립묘지에 안장하지 않고 그곳에 묻었다고 했다. '육 · 군 · 병 · 장 · 한 · 지 · 윤 · 묘' 차가운 묘비명을 그녀는 받아들이지 못했다.

그가 월남으로 파병을 가기 전 마지막 면회를 갔었다. 그는 몹시 들떠 있었다. '야, 너 다리 참 예쁘다. 왜 그런 다리를 감추고 다니냐? 다른 여자애들처럼 무릎 위로 확 올라가게 치마를 입어봐' 생전 하지 않던 말도 했다. 그것이 마지막이었다.

그녀는 대학 졸업 후 한동안 집 밖을 나가지 않았다. 집에서는 좋은 혼처 자리를 구해 맞선을 여러 번 주선했지만, 그녀에게 다른 남자가 비집고 들어설 자리는 없었다. 약사인 그녀는 아버지가 운영하는 약국을 나갔다. 약국 외에 가는 곳이라고는 성당뿐이었다.

이번이 그의 두 번째 추도 일이었다. 지난 해 그에게 다녀온 후 며칠을 앓아 누웠다. 다시는 가지 않겠다고 다짐을 했지만, 올해도 가방을 들고 집을 나섰다. 쉽게 만나고 쉽게 헤어지는 사람들이 부러웠다.

묘지 앞에는 그녀가 지난 해 놓고 갔던 꽃다발이 말라 있었다. 그녀는 가지고 간 꽃다발을 놓았다. 양지바른 곳에 자리 잡은 무덤에는 녹은 눈 사이사이 풀들이 돋아나고 있었다. 봉분을 돌며 풀잎을 뜯다 말고 멀거니 하늘을 봤다. 파란 하늘이 내리고 있었다. 무덤 앞 물푸레나무 우듬지에 앉아 있던 새 한 마리가 지저댔다. 해는 정오를 넘기고 있었다. 그를 두고 가기 힘들었다. 그녀는 묘비를 쓰다듬었다. 이젠 더는 오지 않겠다고 말했다. 그가 웃는 듯 우는 듯 그녀를 보고 있었다. 묘지에서 내려오는 내내 새가 지저댔다.

구례 버스터미널에서 광주행 버스를 탔다. 차가 서서히 후진하고 있을 때 군인이 헐레벌떡 차에 올랐다. 그녀는 병사를 보는 순간 가슴이 내려앉았다. 그이였다. 허벅지를 꼬집었다. 환영인가 싶었다. 이젠 정신조차 온전치 못하구나! 환영이라도 좋았다. 그 시간이 영원하길 바랐다. 군인이 그녀 옆에 앉았다. 그녀는 눈을 감은 채 숨을 들여 마셨다. 채취도 같았다. 차가 커브를 도는 지 병사가 그에게 쏠렸다. 그녀는 성에 낀 차창을 닦았다. 하늘이 무연히 맑았다. 시간이 얼마나 지났을까, 병사는 고개를 뒤로 젖힌 채 눈을 감고 있었다. 높은 코와 움푹 들어간 눈이 영락없는 그였다. 코언저리에 엷게 낀 주근깨, 굵은 검은 테 안경까지도 그랬다. 그녀가 묻는 말에 돌아온 병사의 낮게 깔린 음성도 그와 흡사했다. 세련되지 못한 말투와 말할 때마다 얼굴이 붉어지는 숫기 없는 모습이 그이와 다르다면 달랐다. 선배는 1남 3녀로 형제는 없다고 했으니 쌍둥이일 리는 없었다. 실핏줄이 서려 있는 병사 얼굴과 나무껍질 갈라지듯 부르튼 손에 그녀 가슴이 시렸다. 병사는 슬그머니 잠바 주머니 속으로 손을 감추었다. 그의 초라한 형색이 마음을 쓸었다.

끊어지다 이어지고 이어지다 끊어지는 그녀의 긴 한숨 소리와 함께 밤이 깊어갔다. 늑대 울음이 밤을 지켰다. 저 늑대는 구천을 떠도는 짝을 찾아 헤매는 것일까! 그녀 한숨이 깊어질 때 늑대 울음도 깊었다.

얼굴을 든 그녀가 무릎을 꿇고 손을 모은 뒤 고개를 숙이고 이마와 가슴에 십자가를 그렸다. 천천히 아주 천천히 그렸다. 그것은 학창시절 하숙집 아주머니가 식탁 앞에서 대충 긋던 그런 성호가 아니었다. 그녀가 십자가를 그을 때마다 그녀를 어찌해 보겠다는 생각은 눈 녹듯 사라졌다. 성호 긋기를 멈추고 그녀는 두 손으로 가슴을 감쌌다. 나를 보는 그녀 눈빛이 애절했다. 나는 그 눈길을 외면할 수 없었다. 그냥 자자! 그냥 자자! 옷을 입은 채 창문을 향해 맨바닥에 모로 누웠다. 눈을 감았다. 그녀의 가늘고 긴 하얀 목덜미가, 가녀린 어깨선이 눈앞에 어른거렸다. 문틈으로 내딛던 물기 어린 하얀 정강이가 떠올랐다. 눈을 떴다. 그녀는 여전히 무릎에 얼굴을 묻고 벽에 등을 기댄 채 이불 솔기를 만지작거리고 있었다. 그녀를 더는 탐할 수가 없었다. 벽시계 시침은 새벽 2시를 향했다. 그녀가 이불 나에게 덮어 주었다. 전등이 꺼졌다.

'이번 내리실 역은 선릉역입니다.'

안내 방송에 정신이 번쩍 들었다. 내가 내려야 할 역을 지나친 것이다. 앞좌석에는 여전히 수녀가 책을 보고 있다. 나는 핸드폰을 꺼내 지하철 앱을 열었다. 순환선 중간지점을 훨씬 지나고 있었다. 그녀도 방향 선택을 잘못한 것일까, 나처럼 내릴 역을 지나친 것일까?

아침에 눈을 떴을 때 그녀는 보이지 않았다. 그녀가 깔고 자던 요만 단정하게 한쪽에 개어져 있었다. 잠시 후 들어서는 그녀가 해맑게 웃었다.

"어젯밤에는 잘 주무시던데요?"

"그럼 그쪽은 잠을 자지 않았단 말입니까?"

"아니에요. 저도 잘 잤어요."

그녀는 어젯밤과는 사뭇 달랐다. 입을 가리고 웃었다. 입을 가리고 웃은 것이 그녀 습관인 듯했다. 집을 나섰다. 눈 덮인 들판 바람 끝이 찼다. 검은 철책이 하얀 들녘을 가로 지르고 있었다. 눈이 시렸다. '끼룩끼룩' 기러기가 철책을 넘어 남으로 날았다.

그녀는 김화 쪽을 바라보고 있었다. 눈가루를 몰고 온 강한 바람에 마른 몸이 휘청거려도, 긴 머리카락이 치렁치렁 얼굴을 가려도 그녀는 개의치 않았다. 그녀는 석고상처럼 창백한 얼굴을 한 채 눈 위에 큰 원을 그리며 걸었다. 코트 주머니에 손을 깊숙이 묻고 자기가 그렸던 발자국을 따라 걷기도 하고 우두커니 서서 철조망 넘어 시린 북녘 들판을 망연히 바라보기도 했다. 나는 그녀를 보며 버스를 기다리는 지루한 시간을 죽이고 있는 것이리라 생각했다. 한 동안 그녀의 원 그리기는 계속됐다. 아득히 보이는 가로수 사이로 작은 물체가 움직였다. 그 물체가 커갔다. 커져갈수록 원을 따라 걷는 그녀 발걸음이 빨라졌다. 차가 정류장에 멈췄다. 그녀 눈시울이 붉어졌다. 그녀가 말했다.

"고맙습니다."

그뿐이었다. 그 말도 엔진 소리에 묻혀 들리지 않았다. 나는 작게 움직이는 그녀 입을 보며 그렇게 말했을 것이라고 짐작할 뿐이었다. 그녀는 한 발을 계단에 올려놓고 더는 움직이지 않았다. 운전수 다그침에 그녀는 마지못해 내가 서있는 창가 쪽 자리를 찾아 앉았다, 차가 멀어질 때까지 그녀의시선은 나를 떠나지 않았다. 나는 한 동안 멍하니 버스가 사라진 지평선을 바라봤다.

그녀가 떠나고 한 달이 지난 토요일이었다. 전날 동계 유격 훈련을 마치고 돌아온 터라 온몸이 쑤시고 아팠다. 끝없이 계속되는 정신 훈련을 빙자한 피티체조, 암벽타기, 레펠, 화생방 훈련에 담력훈련, 온몸을 짓누르는 무게로 완전군장을 한 채 걸어야 하는 40km 행군 등 나는 4박 5일 동안 계속된 유격훈련은 다시 생각하고 싶지 않았다.

나는 땀과 흙먼지가 뒤범벅된 옷을 들고 연병장 앞으로 흐르는 개울로 갔다. 얼음을 깨고 손을 호호 불며 빨래를 했다. 그때 서무계 강 이병이 달려와 여자가 면회를 왔다고 전했다. 나에게 면회 올 여자는 없었다. 전달이 잘못 전해졌을 것이라는 생각에 나는 차분히 옷을 빨았다. 빨래 줄에 빨래를 널고 있을 때 강 이병이 다시 와 외출증을 내밀었다. 나는 위병소로 나갔다. 멀리서 그녀가 환하게 웃고 있었다. 짧은 머리가 낯설었다.

그 후 그녀는 매달 마지막 주 토요일 오전 열 시쯤이면 어김없이 찾아 왔다. 면회 올 때마다 그녀 옷차림이 달라졌다. 행동도 변해갔다. 변하지 않는 건 짧은 머리였다. 그녀는 면회 횟수가 거듭되면서 대남방송에도 무덤덤했다. 처음에는 점심을 먹은 후 서둘러 떠나던 그녀가 차츰 떠나는 시간을 늦추기 시작했다. 마침내 막차를 타기에 이르렀다. 휴가를 가게 되었다는 그녀가 들떴다. 출발하기 전, 전화하라고 거듭 당부했다. 그도 못 미더웠던지 내 수첩에 그네 약국의 약도를 그리고, 수첩 주소록에 적혀져 있는 전화번호를 다시 적어 주었다. 일상은 계속되었고 내 밑으로 신병 다섯이 전입해 왔다.

전동차가 잠실나루역을 지났다. 책에서 눈을 떼지 않는 수녀 어깨 너머 강물이 검다.

흐릿한 물체가 점점 또렷해지며 다이아몬드가 반짝였다. 번들거리는 이마도 눈에 들어왔다. 사람들이 나를 내려다보며 입을 움직이고 있었다. 그들은 서로를 바라보며 알아들을 수 없는 말들도 했다. 하얀 이를 드러낸 채 웃기도 했다. 왜 그들이 나를 보며 그러는지 알 수 없었다. 그들이 모두 나가고 천장 불빛을 피해 고개를 돌렸다. 유리창 쪽에는 붕대로 턱과 머리를 감싸고, 석고 다리를 한 사람이 무표정한 얼굴로 누운 채 나를 보고 있다. 그에게 여기가 어디냐고 물었다. 대답이 없어 손짓하며 다시 물었다. 그 사람도 손짓했다. 그는 내가 하는 대로 따라 했다. 다리를 움직여 보았지만 움직여지지 않았다. 내가 유리창에 비치고 있었다. 유리창에 비친 내 모습 너머로 여러 사람이 보였다. 병실 안쪽으로 고개를 돌렸다. 다리에, 가슴에, 온몸에 붕대를 칭칭 감고 있는 사람뿐이었다.

하얀 옷이 잘 어울리는 여자가 내 옆을 지나갔다. 그녀를 불렀다. 입이 생각처럼 움직이지 않았다. 귓속에 '윙윙' 소리만 들렸다. 머리가 혼란스러웠다. 지나쳐 가는 듯싶던 그녀가 뒤돌아 와 놀란 표정으로 나를 봤다. 그녀에게 묻고 또 물었다. 그녀는 아무런 대답도 하지 않고 눈만 깜박거리며 나를 봤다. 내가 쓰는 시늉을 했다. 그녀는 그때야 고개를 끄덕이며 내 머리 쪽 침대를 약간 올린 후 노트와 연필을 가져다 주었다. 그녀에게 물었다.

"여기가 어디죠?"

"국군 병원이에요."

"내가 왜?"

"지뢰 사고를 당했어요. 한 달 반만에 깨어났어요."

그 말을 듣자 머리가 멍했다. 그때 군의관들이 내 침대 주변으로 우르르 몰려들었다. 간호사가 계속해서 물었다.

"이름이 뭐예요?"

"고향은 어디세요?"

"기억나지 않으세요?"

"그나마 다행이에요, 글은 기억하고 있으니. 차차 좋아질 거예요."

간호장교가 내 이마를 짚으며 웃었다. 손길이 따뜻했다. 내가 쓴 노트 위 서툰 글씨를 보면서 기억을 찾으려 애썼다. 아무것도 떠오르지 않았다. 이튿날도 그다음 날도…… . 그래도 아침에 눈을 뜰 때마다 기력은 조금씩 회복됐다. 깨어난 지 일주일 째 되는 날 아침에 눈을 떴을 때 기억들이 떠올랐다.

그녀를 떠나보내고 난 이튿날, 선임병 인솔 아래 갓 전입해온 병사들과 함께 낫과 도끼를 들고 화목작업을 하러 나섰다. 선임병이 앞서고 우리는 뒤를 따랐다. 고지 벙커에서 삼백 미터쯤 산 아래에 있는 우물을 지나 해골 그림과 붉은 칠을 한 세모 표지판이 설치된 지뢰지대를 돌아 안전지대로 접어들었다. 아카시아나무가 빽빽이 들어선 그곳은 이전에 몇 차례 와보았던 곳이기도 했다. 선임병이 곧은 길을 돌아 왼쪽 샛길로 접어들자 길은 좁아지고 있었다. 우리는 모두 의심 없이 그를 뒤따랐다. 그 길로 이십여 보쯤 들어섰을 때 갑자기 섬광이 비치며 산이 갈라지는 소리가 들렸었다.

병동 창밖 은행나무가 노랗게 물들어 갔다. 그 은행잎이 떨어지고 앙상한 가지 위에 눈이 소복소복 쌓였다. 나는 눈을 맞으며 병동과 병동을 걸었다. 주머니 속 그녀의 전화번호와 약도가 그려진 수첩을 만지작거리며 걸었다. 용기를 내 전화부스 앞에 이르러 수첩을 꺼내기를 수 차례, 그때마다 나는 절뚝거리는 내 다리를 내려다보며 지나쳤다.

사고를 당한 지, 팔 개월만에 의병 제대를 했다. 제대하던 날은 설날을 눈앞에 두고 있었다. 서울역 전라선 매표소 앞에는 귀향을 서두르는 사람들이 북적댔다. 매표창구 앞 기나긴 줄이 줄어들고 내 앞에 서너 사람밖에 남지 않았을 때 나는 줄을 빠져나와 광장으로 나갔다. 광장에는 함박눈이 펑펑 쏟아지고 있었다. 택시를 잡았다. 그녀와 예전에 들렀던 다방으로 갔다. 내가 다방 문을 열고 들어설 때 무슨 말인가 주고받던 두 남녀가 목발을 한 채 들어서는 나를 물끄러미 쳐다보았다. 나는 그녀와 함께 앉았던 구석 자리를 찾아 앉았다. 나를 쳐다보던 연인들이 나가고 그 자리가 채워지고 다시 채워질 때까지 나는 식은 커피를 바라봤다. 창밖 가로등에 불이 들어왔다. 일어나 전화부스로 갔다. 전화기를 들었다 놓았다를 거듭했다. 다이얼을 돌렸다. 번호와 손가락이 따로 놀았다. 신호가 갔다. 세 번째 신호가 울릴 때

"보배 약국입니다."

귀에 익은 목소리가 들렸다.

"여보세요?"

그녀 말끝이 올라갔다.

"누 · 구 · 세 · 요?"

긴 숨이 지나고 가쁜 숨소리가 수화기를 타고 왔다.

"수연 씨? 수연 씨? 거기 어디예요? 수연 씨……, 수연 씨…… "

그녀가 울먹였다. 발을 동동 구르는 모습이 그려졌다. 나는 힘없이 전화기를 놨다.

이번 역은 시청, 시청역입니다. 내리실 문은 왼쪽입니다.

This stop is city hall, city hall. You may exit on your left.

수녀가 시청역에서 읽던 책을 가방에 넣고 일어선다. 나도 따라 일어섰다. 개찰구를 나온 수녀는 12번 출구로 향한다. 나는 수녀의 어둡고 긴 치마가 쓸고 간 계단 하나하나를 밟으며 그녀를 따라 나왔다. 건너편 세종대왕 동상 앞에는 아직도 촛불들이 야울거린다. 사람들이 웅성댄다.

수녀가 덕수궁 돌담길로 접어든다. 하얗게 쌓인 눈 위로 수녀 발자국이 선명하다. 나는 그 발자국을 따라 걸었다. 수녀 발자국이 삼거리를 지나갔다. 발자국이 도로를 건너 정동극장을 지난다. 나는 거친 숨을 몰아쉬며 따랐다. 앞선 발자국이, 밝은 가로등 불빛에 밀려난 오렌지색 불빛 아래서 사라졌다. 나는 한동안 사방을 두리번거리며 사라진 발자국을, 수녀를 찾았다. 길 건너 이화여고 돌담이, 덕수궁 돌담이, 눈을 수북이 인 채 서 있다. 돌담길에서 시작된 두 사람의 발자국이 눈 위에 가지런히 찍혀 있다. 그중 한 사람의 발자국이 눈 위에 상처기를 내며 내 발로 이어졌다. 주변을 살폈다. 낯설지 않다. 사십여 년 전 그녀와 둘이서 시간 가는 줄 모르고 이야기를 나누며 차를 마셨던 그곳, 의병 제대하던 날 그녀에게 전화하면서도 끝내 한마디도 하지 못한 채 흐느껴야만 했던 그 다방 그 자리였다.

나는 절뚝절뚝 오렌지색 불빛이 새어 나오는 카페 문을 밀었다. ■

이용연: 1950년 전남 무안 출생. 2017년 『창작21』 소설부문 신인상으로 등단.

| 단편소설 |

10分

임철균

"야, 이 미친 새꺄! 디질려고 환장했냐!"

이런, 시간에 쫓겨 파란불만 보고 바로 길을 건너다 좌우를 보지 못했다. 달려오는 트럭을 미처 보지 못했다. 운전사가 빨간 불을 보고도 웬만하면 그냥 지나가려 한 듯했다. 그런데 파란 불이 켜지자 마자 갑자기 튀어나오는 나를 보고 급브레이크를 밟았다. 어둠이 밀려오면서 엷은 살얼음이 끼어가는 아스팔트인지라 횡단보도 안으로 차가 밀려 들어왔다. 귀를 찢는 날카로운 기계 소리에 놀라 쳐다보며 온 몸이 얼어 붙어버렸다. 조금만 트럭이 더 밀렸더라면 여지없이 트럭 밑으로 들어갔을 판이었다. 거리에 온갖 눈길들이 멍하니 굳어버린 나에게 쏠렸다. 순간적으로 나도 놀랐지만 표정을 보니 욕을 하면서도 정작 더 놀란 표정의 트럭 운전사였다. 미친 놈. 횡단보도에서 속도를 줄이지 않은 제가 잘못이지. 속으로 웅얼거렸다. 다행히 내가 별 탈이 없는 것을 확인한 트럭 운전사가 더 이상 길게 욕을 하지 않았다. 나 역시 굳이 길거리에서 미친 트럭 운전사와 실없는 실랑이를 계속 하고 싶지 않았다. 그럴 시간이 오늘 내겐 없기 때문이었다.

떠나고 돌아오는 온갖 살 냄새 스치는 000전철역 광장. 횡단보도에서 아슬아슬한 상황을 겪고 역 광장으로 건너는 육교에 올라섰다. 시계를 보았다. 아침나절부터 시간 날때마다 시계를 처다보며 내내 시간에 쫓겨 서둘렀다. 시계를 보며 시간을 확인하고 나니 마음이 조금 가라앉았다. 허공을 걷는 사람들 속에서 천천히 역 광장 쪽으로 걸음을 옮기다 육교 한 가운데 섰다. 한 겨울에 공기를 길게 들이마셨다. 차가운 바람을 가슴 깊이 들이마시니 막혀 있던 가슴이 조금은 뚫리는 기분이다. 육교에 서서 아래를 내려 보다 보니 갑자기 와-아-악! 소리를 지르고 싶어졌다. 요즘 이래 저래 답답한 시간들이었다. 육교 아래 도로 양편의 늘어선 가게들에 대롱대롱 매달린 간판 불이 선명해지고 있다. 길이 본격적으로 얼어붙기 시작하면서 간판 불들에 길가가 번들거린다. 어디서 사고라도 났는지 내려다보이는 횡단보도 근처에 거무튀튀한 차들이 다닥다닥 붙은 채 거북이 걸음이다.

"저, 죄송하지만 지금 몇시나 됐습니까?"

확인해야 한다. 누군가에게 말을 건네야 한다. 믿을 수가 없다. 내 손목에 달랑 매달린 것만으론 도대체 믿을 수 가 없다. 어쩌면 내 시계가 잘못 되었을지도 모르니까. 검은색 모직 롱코트를 입고 두툼한 책을 옆구리에 낀채 발랄한 발걸음으로 지나가는 앳된 아가씨에게 말을 건넸다. 길거리에서 낯선 사람이 갑자기 말을 걸어 놀랐는지 아가씨가 깜짝 놀라는 표정을 지었다. 그러나 이내 말을 건넨 사람이 그리 험악

한 모습은 아니었는지 약간 머뭇거리다 코트 속에 깊게 찌르고 있던 손을 꺼냈다. 팔목의 시계를 흘낏 들여다보았다.

"다섯 시 조금 넘었는데요."

이런, 지금 내가 알고 싶은 것은 다섯 시 조금 넘은 것이 아니라 정확히 다섯 시 몇 분이냐는 것이다. 누가 지금 다섯 시 조금 넘은 것을 몰라 물어 본 것인가. 내가 정작 알고 싶은 것은 그게 아닌데. 나도 지금 다섯 시 조금 넘은 것은 알고 있다는 말이다. 지금 내가 알고 싶은 것은 정확히 다섯 시 하고도 몇 분이냐는 것이다.

"아니, 제 말은 지금 다섯 시 조금 넘은 게 아니라 정확히 다섯 시 몇 분이냐고요?"

시간을 말해 주고 바로 돌아서려던 아가씨의 말꼬리를 붙들고 곧바로 한 번 다시 질문을 던졌다. 그러나 다시 던지는 내 질문에 표정이 이번엔 조금 안 좋아서였을까? 돌아서려던 여자가 몸을 돌리며 내 얼굴을 다시 한 번 쳐다보곤 당황한 얼굴로 머뭇거렸다. 그러다 이내 얼굴에 짜증이 잔뜩 섞인 표정으로 퉁명스레 던지더니 얼른 돌아서는 것이다.

"다섯 시 삼십 분 좀 넘었어요."

이거 정말 미치겠다. 아니 누가 지금 다섯 시 삼십 분 넘은 것을 모르나. 지금 내가 알고 싶은 것은 다섯 시 삼십 분하고도 정확히 몇 분이나 지났냐 하는 것인데 이 아가씨는 자꾸 딴 소리를 한다.

"아니. 지금 제가 알고 싶은 것은 다섯 시…."

답답한 표정으로 내가 다시 말꼬리를 낚아채려는 순간 돌아서려던 아가씨가 한 마디를 툭 뱉었다.

"저, 지금 바쁘거든요."

이럴 수가. 아니, 나를 어떻게 보았길래. 내 말을 딱 끊은 아가씨가 이상하다는 듯한 눈초리로 나를 위 아래로 훑더니 황급히 돌아섰다.

“아니, 저, 그게 아니고….”

한 번 돌아서 발길을 띄어놓기 시작한 아가씨가 내 말을 더 이상 듣지 않았다. 두툼한 모직코트 자락을 찬바람에 날리며 종종 걸음으로 사람들 속으로 이내 들어갔다. 그러다, 그 아가씨가 한 이십여 걸음이나 갔을까, 다시 흘낏 뒤를 돌아 봤다. 나를 바라보는 아가씨의 얼굴에 몹시 불쾌한 것을 보았다는 듯한 기분 나쁜 표정이 선명히 적혀 있었다. 그리고 혹시 내가 자기를 따라 오지는 않을까 하는 어처구니없는 표정을 지었다.

아가씨가 내 시야에서 완전히 사라진 후 내 팔목에 시계와 역 광장에 시계를 번갈아 쳐다보았다. 시간이 흐르면서 손에 땀이 나기 시작했다. 도저히 견딜 수가 없었다.

“저. 죄송하지만….”

이번에는 내 나이 또래나 됐음직한 후줄근한 잿빛 코트를 걸친 회사원 차림의 사내를 붙들고 말을 건넸다. 얼마나 들고 다녔는지 손때에 절어 닳고 닳은 조그만 서류용 가죽 가방을 옆구리에 낀 사내였다. 퇴근길인지 와이셔츠 깃에 얼룩얼룩 하루 삶의 자국이 절어있는 차림에 사내가 날 흘낏 쳐다보았다. 그리고 우 아래로 잠시 훑어보더니 시계를 차고 있는 내 손목에 눈길이 머물렀다. 그리고 내 얼굴을 쳐다보았다. 그러더니 짧은 사무적 어투로 한 마디 툭 내 뱉었다.

“선생, 저, 도 안 믿습니다.”

이건 또 뭔 소리인가? 갑자기 말을 건네던 내가 오히려 어리둥절해져 쳐다보고 있노라니 딱딱 끊어 사무적으로 제 말만 내 뱉은 사내는 제 말만 딱 마친 후 뒤도 돌아보지 않고 뚜벅뚜벅 걸어 사람들 속으로 사라져갔다. 도? 웬 도? 혹시, 도道? 아! 내가 졸지에 역 근처에서 얼쩡

거리며 사람들에게 접근하는 도인道人이 돼버렸다는 것을 깨닫는데 그리 오랜 시간이 걸리지 않았다.

역 광장. 커다래서 멍청해 보이기까지 한 둥근 원형 시계는 시침과 분침만 있고 초침이 없다. 시침과 분침의 바늘은 그럭저럭 잘 가고 것 같은데 도대체 초침도 정확히 잘 가고 있는지는 알 수가 없다. 도대체 저 시계를 만든 사람은 왜 저 커다란 시계에 초침을 달아 놓지 않았을까? 어쨌거나 내 시계 바늘은 초침이 있기에 째깍 째깍 거리며 가고 있는 것이 보인다.

몸을 돌려 바로 내 뒤에 있는, 꽃다발이 놓여있는, 화단으로 가서 꽃다발을 집어 들었다. '순결' 과 '변함없는 사랑' 을 꽃말로 가진 백합꽃송이만으로, 소박하면서도 화사하게, 준비한 나의 선물. 그녀는 내가 모를 것이라고 생각하지만 나는 이미 알고 있기에. 오늘 그녀가 얼마나 기쁜 날인지. 그래서 그녀의 오늘을 축하하며 더불어, 나도 그녀에게 비로소 오늘…….

역 광장 한 편에 있는 파출소 앞에 사람들이 웅성거린다. 아직 시간이 남아서 꽃다발을 들고 슬금슬금 가서, 멀찌감치 서서 보아하니. 식당 주방에서 막 나온 듯한 앞치마 두른 중년 여자의 앞에서 누가 보아도 갈 곳 없는 노숙자 차림의 사내가 삿대질을 당하고 있다. 중간에 서 있는 나이 지긋한 사람 좋아 보이는 인상에 경찰 표정이 난감하다. 내서 있는 곳까지 들릴 정도의 여자에 히스테릭한 사연을 들어보니 돈 한 푼 없는 처지에 국밥에 술까지 시켜 먹은 남자다. 그렇다고 해서 어쩔 것인가. 국밥 한 그릇 술 한 잔에 여자 말처럼 콩밥을 먹일 수는 없을 터인데. 웬만하면 그냥 좋게 끝내라 말하는 것 같은 경찰에게까지 악다구니를 부리는 매몰찬 여자의 목소리에 잔뜩 날이 서 있다. 그런데 사람들 사이에 어정뜨게 서 있던 경찰이 나를 보더니 아는 사람이라도 본 것처럼 고개를 갸우뚱한다. 고개를 돌려보니 내 주변에 특별히 서 있는 사람이 없는데 내 쪽을 유심히 쳐다본다. 마치 무슨 지명수배자라도 쳐다보는 듯이. 기분 나쁘게 쳐다보는 경찰의 눈길을 피해 역 광장 다른 편으로 발길을 옮기며 역 광장의 시계를 다시 한 번 쳐다보았다. 시침과 분침이 다섯 시 사십 분 정각, 다시 말하면 여섯 시 이십 분 전 정각을 가리키고 있었다. 다시 한 번 내 시계를 들여다보았다. 다행히 역 광장 시계탑의 시계 시침과 분침에 거의 일치하고 있었다.

12월 31일, 내 바지 주머니 속에 참으로 오래전부터 준비해 왔던 반지가 비로소 제 삶의 주인을 만나는 날이다. 그래, 내 오늘을 그 얼마나 기다려왔던가. 오가는 이들이 지나치며 나를 가끔씩 흘낏거린다. 내가 들고 있는 이 참으로 소박하고 화사한 백합 꽃다발 때문 일 것이다. 하지만 사람들의 시선이야 어쨌든 상관없다. 이 꽃을 받을 사람은 저 지나치는 의미 없는 사람들이 아니기 때문에. 이 세상에서 오직 그녀, 그 단 한 사람일 뿐이기에.

오늘은 정말 운이 좋은 날이었다. 6개월을 넘게 끌어오던 깐깐한 00사社였다. 광고업계라는 것이 그렇다. 정치 경제 사회 문화 등 참 별의별놈의 것을 다 보아야 하는 세계이다. 내 대학 동기들이 다들 사무실 하나에 사장 실장 대리 직함으로 아직도 그리 살고 있는데 나는 그래도 명색이 과장 부장에 상무에 이사까지 있는 상장 광고회사에서 일하고 있다. 하지만 어쩌랴. 아직은 내 책상 뒤에 새까만 의자에 앉은 인간들이 너무나 많은 짬밥인 것을. 그래서 나는 아침부터 저녁까지, 아니 새벽을 넘어 때론 아침까지 뛰어야 하는 것을.

6개월을 끌어 온 중견기업에 광고를 마침내 따 냈다. 문제는 어음 개월 수였다. 최대한 늦추려는 그 회사와 최대한 당기려는 우리 회사 간에 피를 말리는 싸움이었다. 광고 아무리 잘해 주어봤자, 대기업 아닌 다음에야 어차피 급하면 깡해 쓸 수밖에 없는 현실에서 최대한 짧게 어음 개월 수 당기라는 내 직속 선임 김과장의 특명이었다. 할 수 없었다. 이리 저리 따져 보니 뻔한 계산이었다. 술값하고 깡 개월 수하고 따지니 계산이 편해졌다. 비싸다 소문난 룸싸롱에서 폭탄주에 시달리며 2차 3차에 마지막으로 법인 카드 최고액을 그어 쥐약을 발랐다. 그리고 회사 비자금으로 마련된 두툼한 봉투를 비틀대며 호텔 방에서 쓰러지는 00사 책임자 새끼 양복 주머니 속에 넣었다. 새끼는 온 몸에 술 냄새를 풍기며 쓰러지면서도 내 손의 먹이에 찢어진 뱀눈을 한껏 치떴다. 그러더니 잔뜩 혀 꼬부라진 목소리로 들여보낼 아가씨 나이가 몇이나 되냔다. 개새끼. 어차피 내일이면 기억이 안 난다, 내가 뭐 실수 한 거 없느냐, 뭐 그런 걸 두고 갔느냐하며 능청을 떨 닳고 닳은 놈이었다. 하지만 이 개 같은 세상에 언제나 그렇듯 그러한 개 같은 과정은 그 만큼의 효험을 바로 드러낸다.

바로 김과장에게 당첨 때렸다. 낙찰 소식에 입이 귀에 걸린 내 직속 김과장이 그 훌러덩 벗겨진 자기의 대머리를 핸드폰 속에 들이밀고 연신 입술에 침을 발랐다.

"오빠, 저의 오늘 하는 말 진심이에요. 들어주세요. 그 동안 정말 망설였는데, 해야 되나 말아야 되나 망설였는데, 하고 싶어요. 전 기다림이 싫어요. 아니 누군가를 기다려야만 한다는 것이 이제는 정말이지 두려워요. 아실 거라고 저는 알고 있어요. 제가 왜 그런지. 그런데 그런 내게 언제인가부터 오빠는 의도적이든 의도적이 아니든 간에 다시 또 기다림을 안기고 있어요. 언제나 나와의 약속 시간에 오빠는 항상 늦어요, 바쁘다고. 그런데 나는 그런 오빠를 항상 기다리고 있어요. 까닭 모를 일말의 죄의식을 지닌 채."

만원 한 장을 쥐어 주었다. 운전 경력 10년이라는 느물느물한 인상에 기사의 운전 솜씨가 드디어 발휘되기 시작했다. 간신히 마포를 빠져 나와 여의도 들어가는 다리에 접어들었다. 조바심 나는 마음으로 다리를 건너며 한강을 바라보았다. 검은 강물에 도시의 불빛이 흔들리며 흐르고 있었다. 그녀와 약속 장소인 다리 아래 선착장 유람선 쪽을 안절부절못하며 바라보았다. 유람선 가장자리에 배 모양으로 걸려 반짝이는 조명들이 올망졸망 불빛들을 깜박거리고 있었다.

"저는 기다려 왔어요. 오빠 말처럼 우리가 알게 된 것이. 다시 이렇게 만난 것이, 그래요. 다 참 우연이었다면, 그냥 바로 말할 게요. 거짓말이에요. 오빠도 그렇고 나도 그렇고. 아실 거에요. 내 가슴에 참 오래 깊이 박히었던 사람을 힘겹게 파내어 떠나보냈어요. 그래요, 그래도 선운사 봄날 여행 이후로 줄곧 저는 오빠만을 바라보았어요. 하지만 오빠는 그런 내게 무언의 상처를 주고 있어요. 아니, 오빠는 단순하게 나의 무언가를 확인하고 싶어 하는 건지 몰라도 나는 그렇지 않아요. 내가 기다림에 얼마나 상처를 받았는지 누구보다 더 잘 아는 오빠가 매번 일을 핑계로 하염없이 나를 기다리게 하는 걸 도대체 내가 어떻게 받아 들여야 할까요. 미안해요. 그렇지만, 누군가를 기다려 보지 않은 사람은 몰라요. 기다림이 그 얼마나 참기 힘든 고통인지."

느릿느릿 기어가는 차량들 속에서 한강 물위에 초조하게 떠 있는 유람선을 보고 있노라니 도저히 더 이상은 차 안에 앉아 있을 수가 없었다. 약속 시간에서 어언 한 시간이 넘어 가고 있었다. 택시 기사에게 요금을 치렀다. 다리 절반쯤이었다. 뛰었다. 다리를 건너 가파른 고수부지 계단을 내려갔다. 헉헉거리는 숨을 고를 새도 없이 선착장과 이어진 출렁이는 널빤지 다리를 지나 레스토랑으로 사용하는 배 안으로 뛰어 들어갔다. 바깥의 찬 날씨와는 달리 후끈한 열기가 바로 온 몸에 밀려왔다. 뛰어오느라 고르지 못한 숨쉬기로 등줄기에 땀이 흘렀다. 유람선 레스토랑 입구를 들어서며 안을 휘둘러 보았다. 그녀가 보이지 않았다. 시계를 보았다. 언제나 약속 시간을 철저히 지키는 그녀였다. 단 10분도 늦는 법이 없는 그녀의 모습이 보이지 않았다. 유람선 이층으로 올라갔다. 이층 창가에 그녀가 앉아 있었다. 입술 굳게 다문 표정으로 창밖을 바라보며.

어쩌지 이거 미안해서. 회사에서 일찍 출발했는데 마포 쪽에서 워낙 밀려야지. 연말연시 교통이라는 것이 다 그렇잖아. 그녀가 나를 쳐다보았다. 그리고 단단하게 툭툭 나에게 던졌다.

"누군가를 기다리는 것 이제는 끔찍해요. 그래요. 그렇게 사느니 차라리 아무도 기다릴 필요 없는 나 혼자만의 삶을 살고 싶어요. 우리 약속해요. 그래요. 우리 또 만나요. 하지만, 하지만 이번에는 오빠가 날 기다려 주세요. 다음 약속은, 12월 31일, 그 날도 근무를 한다고 했죠? 영업부니까, 한 해의 마지막 날이니까 근무 끝나고 바로 헤어지진 않겠죠? 어쨌거나, 이번 약속, 우리가 자주 만나는 000 전철역 광장 시계탑 아래로 하도록 해요. 오빠에게 꼭 전해주고 싶은 소식이 있어요. 그러나, 이번엔 제가 약속 시간 보다 10분 늦게 나갈 거예요. 하지만 오빠는 아무리 늦어도 약속 시간 10분전에는 나오셔야 해요. 약속 시간은 저녁 여섯 시 정각이에요. 여섯 시 10분전에 나오든 말든 그것은 오빠가 알아서 하세요. 하지만 분명한 것은, 이번에는 오빠가 날 기다려줘야 한다는 것이에요. 전 정확히 여섯 시 10분에 그 장소에 나갈 거예요. 하지만 오빠가 만약 그 시간에 그 자리에 없으면 전 바로 그 곳을 떠날 거예요. 이번에는 더 이상 오빠를 기다리지 않을 거예요. 그래요. 어쩌면 그것이 오빠 곁에서 영원히 떠난다는 이야기로 받아 들여도 좋아요."

아늑한 분위기의 레스토랑에서 그녀의 마치 절교 선언 같은 이야기를 듣고 있노라니 정신이 갑자기 아득해졌다. 언제 시켰는지 가져다 놓았는지도 생각나지 않는 커피 잔에서 질펵한 원두 향기가 무겁게 올라오고 있었다.

"전 오빠가 날 사랑한다는 증거를 어떤 식으로든 확인하고 싶어요. 그리고 그 날 오빠가 나오면 전 오빠와의 약속에 앞으로 꼭 10분씩 늦게 나갈 거예요. 물론 오빠는 약속한 시간에 정확히 나와 주셔야 하고요. 지금 제 말이 너무 한다고 생각하진 마세요. 전 전혀 그렇게 생각하지 않아요. 전 오빠를 다시 만난 이후, 선운사 봄날 여행 이후 언제나 다시 또 오빠를 기다려만 왔어요. 그리고 다시 비로소 시작했어요. 그래요. 전 항상 제 시간에 정확히 맞춰서 나왔어요. 더 정확히 말하면 전 항상, 늦어도 약속 시간 10분전에 나가 서성이며 불안해하며 그래요. 기다려 왔어요. 언제인가부터 기다림에 익숙해버린 바보 같은 나 자신을 미워하며 운명처럼. 하지만 이제 더 이상은, 더 이상은 그렇게 하지 않을 거예요. 부탁이에요. 제발 그렇게 하고 싶지 않아요."

밤이 깊어 가는데도 잠들지 못하고 웅성거리는 서울을 품어 안은 한강의 밤이 깊어 가고 있었다. 그녀를 위해 선물로 준비한 예쁜 보석이 박힌 반지를 바지 주머니에서 만지작거리고 있을 수밖에 없었다. 그대로 주머니에 반지를 담은 채 일어 설 수밖에 없었다. 말을 마친 그녀가 바로 일어섰다. 유람선 레스토랑을 나온 그녀가 고수부지를 가로질러 걸었다. 아무 말도 건넬 수가 없었다. 고수부지 계단 끝까지 말없이 걷기만 하던 그녀가 택시를 세웠다. 떠나는 그녀에게 나는 손조차 흔들어 줄 수 없었다. 그녀를 탓하기 전에 그 동안 나의 사소함이 -어쩌면 나 자신도 알지 못했던 그녀의 말대로 그녀에 대한 나의 무언에 확인이- 그녀에게 얼마나 심각함으로 변해 갔는지도 모르고 오만하고 잔인했던 나 자신에 대한 자책 때문에.

바지 주머니에 손을 집어넣으니 앙증맞게 작은 상자가 손에 잡힌다. 얼마 전 한강 유람선에서 그녀의 너무도 단호한 표정에 눌려 꺼내 보지도 못한 반지. 상자를 열어 그 안에 들어 있는 것을 보는 순간 그녀 얼굴 표정이 어떨지 몹시도 궁금하다. 바지 주머니에 손을 집어넣은 채 살짝 위 아래로 흔들어 보았다. 달그락거리는 소리를 내는 상자 속의 소리에 새삼 가슴이 설레기 시작한다. 한껏 물기를 머금은 소박하고 화사한 백합꽃다발 향기가 코끝을 파고든다.

다시 한 번 팔을 들어 시계를 들여다 보았다. 초침의 부단한 움직임을 들여다 보았다. 역 광장에 시계탑을 올려다 보았다. 여섯 시 정각.

다시 그녀의 소식을 듣게 되었다. 오랜만에 나간 고교동창회에서. 고교시절 함께 미술반에 있었던 친구 녀석에게. 그 때, 해맑은 그녀의 옆에 서 있던 훤칠한 키에 귀공자 타입의 다른 학교 남학생의 이야기와 함께. 미대를 졸업하고 함께 유학을 준비하다 그녀 집안의 경제 사정 때문에 결국 그녀 혼자 한국에 남았다는. 이후 대학원 진학도 하지 못한 채 혼자 파리로 떠난 남자를 기다리며 입시미술학원에서 강사로 있다는… 그리고 또 시간이 흘러 애써 잊어버릴 즈음에 동창 녀석에게 다시 그녀의 소식을 듣게 된 것이다.

"야, 너 설영이 알지?"

"설영이?"

"어쭈, 모르는 척 하는데. 윤설영 몰라? 우리 고3 때 00여고 미술부 고1. 몸매 야리야리하고 얼굴 하얀 애. 축제 끝나고 나서 니가 꽃다발 들고 걔 생일이라고 학교 찾아갔었잖아. 그런데 남자 친구랑 함께 있는 거 보고 너 아주 속 쓰린 표정으로 돌아섰잖아. 왜 이래? 그 애달픈 첫사랑을 벌써 잊어버리신 거야?"

"근데?"

"아, 걔 그 뒤로 그 남자애랑 같은 학교 미대 갔다가 졸업하고 남자놈 혼자 유학 갔다고 내가 언젠가 얘기했었지."

"응, 그랬던 것 같다. 근데?"

"근데는 임마. 아, 얼마 전에 그 남자 녀석이 청첩장 날렸다는 거 아냐."

"청첩장?"

"뭐 그 녀석이 한국에서 유학 온 잘 나가는 집안 여자 애하고 어찌어찌 눈 맞았나 봐. 얼마 전에 귀국했는데 조만간에 결혼식 올린다고 그러네… 삼류소설 한 편 나온 거지."

"그래. 근데, 넌 그런 시시콜콜한 남의 사정을 어찌 그리 잘 아냐?"

"짜식, 나 아직도 설영이랑 같은 미술반 친구였던 미희 사귀잖아. 어꼤거나, 얼마 전 미희랑 이런저런 얘기 하다가 설영이 얘기가 나와서 망년회 핑계 삼아 위로도 좀 해줄겸 해서 함께 만나기로 했다. 어때? 너 그때 안 나올래?"

"글세…."

고교시절, 남고인 우리학교 미술부와 부근 여고 미술부가 연합 활동을 하곤 했다. 축제 때면 합동 전시회를 열었다. 미술부장을 맡아서이기도 했지만 고교시절 마지막 연합전시회인지라 정말이지 멋있게 치르고 싶었다. 여고 미술부장이 올해 새로 들어온 새내기들이라며 1학년 학생들을 내 앞에 줄 세워 인사시켰는데, 그녀와 처음으로 인사를 나누었다. 가녀린 몸매에 나와 달리 유난히 하얀 피부색을 가진 후배였다. 맑은 미소에 조용한 분위기 때문이었는지 다른 후배들에 비해 유난히, 첫눈에, 내 눈에 박혔던 그녀였다.

여고 미술부장과 연합전시회에 출품할 작품들을 최종 선정하는데 아직 완성이 되지 않았다는 그림 한 점이 눈에 띄었다. 여고생이 그린 그림치고는 느낌이 상당히 강렬했다. 누구 것이냐고 물었다. 이번에 들어온 새내기 윤설영 작품이라고 했다. 조금 더 다듬어서 이번에 전시하자고 했다. 다음에 또 들리니 누군가 나에게 인사를 꾸벅했다. 윤설영입니다. 선배님이 제 그림을 선정해주셨다고 들었습니다. 감사합니다. 얼떨결에 인사를 받고 제법 무게를 잡으며 그녀에게 이런저런 조언을 해주었다. 연합전시회 이틀 전에 그녀의 그림이 완성되었다. 그림의 전체 구성에 나의 의견이 많이 반영되었다.

합동전시회가 성황리에 끝났다. 축제가 끝나고 양쪽 미술부 전체가 모여 자축파티를 하던 날 얼마 후 그녀가 생일이라는 것을 알았다. 학교가 끝나는 한 시간 이전에 조퇴를 하고 그녀의 학교 앞 골목길에 서 있었다. 그녀에게 어울리는 하얀 백합꽃을 한아름 들고서. 축제 때 고생 많이 하였고 생일 축하한다는 아주 간단한 대사를 몇 번이나 입속에서 되뇌었다. 하지만 그녀의 눈길과 마주칠 기회를 정작 나는 갖지 못했다. 내가 가져간 꽃다발보다 훨씬 더 커다랗고 화사한 꽃다발을 전해준 다른 학교 미술부 학생 녀석 때문이었다. 그 녀석과 마주 서서 꽃보다 더 화사한 웃음을 터트리고 있는 그녀였기 때문이었다.

"오랜만…이네요. 그러니까 대략 15년 만인가."

"그러게요."

"입시학원 강사 한다고 들었는데 애들 가르치는 일은 재미있으세요."

"제가 아까 말했던가요? 네. 그냥. 그럭저럭 그래요."

"개인전시회는요?"

"…."

"이런, 제가 쓸데없는 질문을 했나 봐요."

"아니에요. 이제 손이 굳었기도 하고 또 그냥… 손이 안 가서요. 요샌 애들만 가르쳐요. 근데…오빠는 왜 미대 진학 안했어요? 저보다 훨씬 더 그림 잘 그린 걸로 기억하는데."

"잘 그리기는요 뭘. 꼭 원하는 대학이 있어서 재수를 했는데도 안되더라고요. 그래서 주제 파악하고 깨끗이 접은 거죠. 일반대 갔었지요. 광고홍보학과."

"아, 네…."

모임이 끝난 후 동창 녀석과 그녀의 친구 너스레에 떠밀려 얼떨결에 그녀를 바래다주게 되었다. 나는 그녀를 아직도 또렷이 기억하는데 그녀는 나를 그렇게 기억하고 있지 않은 것 같았다. 고맙다며 버스에서 내려 그리 넉넉지 않아 보이는 을씨년스러운 풍경의 주택가 쪽으로 사라져 가는 그녀의 가녀린 뒷모습이 내 눈에 아리게 박혀왔다.

"어?"

"오랜만이네요. 아, 이 근처에 거래처가 있어서요. 그런데 설영씨 직장이 이 근처세요.?"

"네. 저기 길 건너 이층에 입시전문 미술학원이라고 간판 보이죠. 거기예요."

"아, 세상 참 좁네요. 나 여기 자주 오는데."

"그래요? 그럼 가끔 우리 마주쳤겠네요."

"그러게요. 그랬다해도 서로 얼굴을 몰라 그냥 지나쳤겠죠 뭐. 근데 지금 출근하시나 봐요."

"네. 저는 재학생 담당이라 학교에서 아이들이 끝나야 시작해서…."

그녀의 친구이자 동창 녀석의 여자 친구를 통해 그녀가 근무하는 학원 위치와 전화번호를 받았다. 거래처 방문을 오후 일찍 마치고 회사에 전화를 했다. 거래처 상담이 길어져 아무래도 바로 퇴근해야 할 것 같다고. 그리고 그녀의 학원 근처 이층 커피숍에 앉아 길거리를 내려다보며 기다렸다. 마침내 그녀가 버스에서 내리는 것을 보고 일어섰다. 무심한 듯한 몸짓으로 그녀를 향해 다가갔다.

얼마 후 친구와 그녀의 친구인 미희의 결혼식이 있었다. 신랑 신부 친구들만의 사진 속에서 내 곁 나란히 선 그녀의 모습에 가슴이 두근거렸다. 공항에서 신랑 신부를 배웅하곤 돌아오는 길에 2차 뒤풀이가 있었다. 짓궂은 친구들의 술 권유로 속이 너무 거북하다며 그녀가 슬며시 일어섰다. 그녀를 따라 나섰다. 걱정되어서 라며 뒤따르는 나에게 굳이 무어라 하지 않았다. 낮술에 달아 오른 몸을 좀 쉬어야겠다는 그녀를 따라 아담한 분위기의 통나무 카페에 들어섰다. 친구들이 억지로 진행한 게임에서 노래 대신 벌주를 거푸 마신 그녀가 나에게 양해를 구하고 테이블에 엎드려 잠시 눈을 붙였다.

"죄송해요. 잠깐 눈만 감고 있으려 했는데 그만 잠이 들어 버렸네요."

"죄송하긴요. 아마 낮술 기운이 돌아서 그럴 거예요. 원래 낮술 먹고 취하면 부모 형제도 못알아 본다고 하잖아요. 근데 속은 좀 괜찮아요?"

"네. 그나저나 괜히 저 때문에."

"아니에요. 그런데 오늘 보니 술 좀 하시던데 원래 그렇게 술이 쎄요?"

"아니요. 원래 술이 참 약했는데 그냥 어찌어찌 살다 보니 술이 좀 늘었네요. 근데 왜요, 제가 무슨 주사 부렸나요?"

"아이구, 아니에요. 그냥 물어 봤어요. 그나저나 설영씨 자는 모습 참 예쁘던데요."

"그래요? 흠, 나 잘때 코 골면서 자는데."

"괜찮아요. 전 귀가 어두운 편이라 웬만한 소리는 잘 못들으니까."

"훗, 농담이에요. 저 잘때 코 안골아요. 근데 나보다 선배잖아요."

"…."

"아, 그냥 말 놓고 싶으면 편하게 놓으라고요. 오늘 결혼한 오빠도 저한테 말 놓거든요. 더군다나 고등학교 때부터 나를 알고 있는 오빠가 자꾸 말 올리니까 조금 불편해서요."

이후 결혼한 친구의 집들이 때 그녀를 다시 만났다. 이전보다 훨씬 쾌활한 모습이었다. 어찌 앉다보니 바로 내 옆에 앉은 그녀에게 나와 잘 어울린다며 짓궂은 말들이 오가는데도 그저 빙그레 웃으며 넘기는 그녀였다.

그녀를 다시 만나고, 그 해 첫눈이 내리는 토요일에 전화를 걸었다.

첫 눈 내리는데, 첫 눈 맞고 싶은데 외로워서 도저히 혼자 못 맞겠다며 너스레를 떨었다. 대신 근사한 식사를 대접하겠노라고. 경복궁 앞에서 불안한 마음으로 기다리고 있는데 마침내 그녀의 모습이 보였다. 가녀린 몸매에 검은 생머리의 그녀가 하얀 눈을 맞으며 내게로 다가오고 있었다. 식사를 하기 전에 궁내를 걷고 싶다고 했다. 흔쾌히 승낙하는 그녀였다. 하늘하늘 흩날리는 하얀 눈송이 속에서 연못가에 선 그녀는 정말이지 한 떨기 아름다운 눈꽃이었다. 첫눈이라서인지 주위에 온통 팔짱을 끼고 거니는 연인들이었다. 여기저기서 때론 진한 모습의 분위기가 연출되었다. 가는 눈발이 조금 굵어지는가 싶더니 이내 몽글몽글 탐스런 눈송이가 내리기 시작했다. 발그레한 그녀의 볼에, 길다란 속눈썹에 하얀 눈송이가 살포시 내려앉아 부드럽게 녹았다. 손수건을 꺼내어 닦아주다가 그녀의 볼에 손가락이 스쳤다. 그때, 그녀의 보드랍고도 차가운 볼에 감촉. 그 날카롭게 베이는 듯한 서늘하고도 부드러운 감촉.

그녀를 다시 만나고, 유난히도 눈이 자주 내리는 겨울 오후 무렵에 그녀에게서 전화가 걸려왔다. 컨디션이 안 좋아 하루 쉬려고 월차를 냈다며 처음으로 먼저 전화를 걸어 온 그녀의 목소리에 가슴이 두근거렸다. 설렁설렁 일을 하는 나에게 내 직속 선임인 김과장이 눈치를 주며 차라리 일찍 퇴근하라고 강짜를 부렸다. 김과장의 말이 떨어지기 무섭게 바로 업무를 정리하고 룰루랄라 휘파람을 불며 적당히 눈치 보다가 바로 퇴근했다.

그녀가 좋아하는 음식으로 저녁 식사를 마치고 대학가 근처의 허름한 선술집으로 자리를 옮겼다. 온통 벽에 젊은이들 특유의 낙서투성이인 선술집 한 구석에서 술잔을 기울였다. 어느 정도 술잔이 오간 그녀가 눈 내리는 창밖을 바라보다 문득 눈가에 희미한 눈물을 머금었다.

그런 그녀에게 나는 아무 것도 해줄 수 없었다. 그저 함께 있어줄 뿐.

얼마 후 알게 되었다. 얼마 전 그녀가 월차를 내고 나와 함께 지낸 그 날, 그녀의 과거 남자가 한국에서 결혼식을 마치고 여자와 함께 다시 파리로 떠났다는 것을. 그리고 나는 가끔 그녀의 말없는 술 동무가 되어 주었다. 그렇게 그녀와 다시 만난 첫겨울이… 흘러갔다.

벚꽃이 연분홍 눈가루처럼 하롱하롱 흩날리는 봄날에 그녀에게 여행을 제의했다. 처음엔 완곡하게 거절하였으나 거듭되는 나의 부탁에 며칠 생각할 시간을 달라고 했다. 얼마 후, 들뜬 나의 목소리와 달리 차분히 가라앉은 목소리로 그녀에게서 전화가 왔다. 즉시 입사 후 처음으로, 그 동안 있는지조차 신경도 쓰지 않던, 휴가를 신청했다. 부모님까지 동원하여 알리바이를 맞추었다. 듣도 보도 못한 친척 한 분을 상갓집에 모셨다. 회사에서 난리가 났다. 왜 하필 한창 바쁜 상반기 때 휴가를 신청하느냐며 김과장이 끈덕지게 만류를 했다. 하지만 나 역시 인간의 도리를 역설하며 물러서지 않고 끈덕지게 매달렸다. 나와 며칠에 걸친 신경전 끝에 마침내 김과장의 허락이 떨어졌다.

어둠이 짙어가는 서울을 뒤로하고 고속도로에 버스가 접어들었다. 의외였다. 버스를 탈 때까지만 해도 한껏 긴장해있던 그녀의 표정이었다. 그런데 어느 순간부터 마치 거짓말처럼 ,무거운 짐을 내려놓은 사람처럼, 홀가분한 표정이 되었다. 그리고 이내 첫 소풍을 떠나는 아이처럼 즐거워했다.

선운사에 도착했다. 어색한 몸짓으로 예약해 놓은 호텔에 들어섰다. 그런데 나와 달리 스스럼없이 호텔 방안으로 걸어 들어가더니 창가에 가서 커튼을 열어젖히는 그녀였다.

"좋네요. 경치가. 하늘이 보이고, 산이 보이고, 저기 선운사 냇가도 보이고."

선운사에 늦봄이 지고 있었다. 빨간 복분자 술에 노릇한 풍천 장어 안주와 함께 이것저것 올라 온 푸짐한 산나물들이었다. 다시 나와 만난 이후 그녀가 그렇게 맛있게 음식을 먹는 것을 나는 처음 보았다. 저녁 식사를 마치고 새 한 마리 섧게 우는 밤 깊은 선운사 경내를 걸었다. 푸른 독경 소리에 흰 달빛이 발그레한 그녀의 복사꽃 같은 볼에 스미어 붉게 번지었다.

"지켜주세요. 저에게 믿음을 주세요. 그래서 기꺼이 여기까지 따라왔어요…."

참 따스하고 포근한 봄밤이었다. 성급한 나를 그녀가 꼭 끌어안아 주었다. 따스하고 포근한 그녀의 가슴에서 살아 숨 쉬는 심장 소리가 들렸다. 이 세상에 태어나 처음으로 느껴보는 평안함이었다. 그녀의 따스한 가슴속에서, 그녀의 살아 뛰는 심장 소리를 들으며 아기처럼 잠들었다. 그랬다. 그날 밤, 그 깊고 따스했던 그날 밤, 그 달콤하고 향기로운 내음을 나는 아직도 잊지 못한다.

역 광장의 시계탑. 핼쑥한 시침과 앙상하게 메마른 분침이 여섯 시 10분 정각을 가리켰다.

역 광장에서 한 블록 떨어진 곳에 커다란 사거리. 사거리 횡단보도를 지난 도로에 위치한 종합병원 응급실이 어지럽다. 설립된지 10년이 조금 넘은 종합병원. 새해를 앞두고 얼마 전 시작된 응급실 확장 공사 때문에 간호사들이 서류들을 정리하고 있다. 모든 기록을 재분류하여 임시 사무실로 옮겨야 하므로 케케묵은 진료 기록까지 모두 다 꺼내다 보니 아래쪽에서는 곰팡내가 풀풀 날 정도이다. 새로 온 신입 간호사가 잔뜩 녹슨 철제 앵글 선반에서 진료 기록들을 꺼내 바닥에 늘어놓는다. 응급실 경력 10년 차라는 최고참 김 간호사에게 하나하나 물어가며 폐기할 것과 보관할 것을 각각의 종이 박스에 분류하고 있다.

"이 차트 어떻게 할까요? 연도 보니 한 10년 된 것 같은데 이것도 더 보관해야 되나요?."

"10년? 그런 게 아직 있었어? 어디, 이리 줘 봐. 어휴, 곰팡이 냄새."

10년 전 진료 기록 카드라는 소리에 문득 10년 전 이 병원이 생기면서 갓 들어와 근무하던 시절을 떠올린 김 간호사가 진료기록을 집어들었다. 그리고 진료 기록 카드를 세심히 훑어보며 생각에 빠져 기억을 더듬어나가다 갑자기 낮은 탄성의 소리를 내었다.

"아, 이 환자구나. 그래, 이 여자, 참 젊은 여자였는데. 어머, 그러고 보니 세상에…"

"왜요?"

옆에서 진료 카드를 건네준 신입 간호사가 차트를 보며 깜짝 놀라는 표정에 김 간호사를 보며 몹시 궁금한 표정으로 말을 건넸다.

"여기 연도하고 날짜 좀 봐."

놀라는 표정에 김 간호사가 신입 간호사에게 건네받은 누렇게 변색된 응급실 기록 차트를 가리켰다.

"어머. 12월 31일, 그러고 보니 딱 10년 전 바로 오늘 날짜네요."

김 간호사가 가리키는 연도와 날짜란을 본 신입 간호사가 신기하다는 듯이 김 간호사를 쳐다보았다.

"그때, 그러니까 10년 전 저기 역 광장 가는 길목 횡단보도에서 사고가 나서 들어온 여자였는데."

"저기 역 광장 가는 길에 있는 사거리 횡단보도요?"

"응. 과속으로 달리던 트럭이 횡단보도에서 멈췄는데, 그때도 오늘처럼 날이 제법 추웠거든. 그래서 트럭이 미끄러운 길에 그만 밀렸나 봐. 여자가 피한다고 피했는데도 트럭 적재함 옆모서리가 여자를 받아 버린 거지. 그래서 가장 가까운 우리 병원으로 바로 온 거거든."

"네. 그럼 교통사고 환자군요."

"그런데, 그때, 지금 생각해봐도 참 이상했어."

옆에서 진료 카드를 건네준 신입 간호사가 차트를 보며 놀라는 표정에 김 간호사를 보며 궁금한 표정으로 말을 건넸다. 김 간호사가 잠시 말을 멈췄다. 진료 기록을 집어든 김 간호사가 다시 한 번 자세히 살폈다

"뭐가요?"

김 간호사의 골똘히 생각하는 표정을 지켜보던 신입간호사가 호기심 어린 표정을 지으며 김 간호사를 쳐다보았다.

"그때 이 여자, 응급실로 들어올 당시 다리며 팔이며 늑골이 다 골절돼서 들어왔어. 게다가 차에 받혀 허공에 떴다 떨어지면서 길가 철 구조물에 복부가 찍혀 찢어지는 바람에 내장도 일부 돌출 된 상태였고. 그런데 그 상태에서, 의식이 전혀 없는 거의 뇌사 상태에서 여길 도착했는데 심장박동이 계속되는 거야. 대개 그런 상태에서는 쇼크로 심장박동이 멈추는 게 상식이잖아? 그런데 앰뷸런스에서 너무 상태가 심해 아무런 심폐소생술도 못했다는데 심장이 계속 뛰고 있더라고. 그러니까 어디 보자… 음, 저 위에 사거리 횡단보도에서 사고가 나 여기 병원까지 오는 데 한 10분 정도 걸렸다고 했으니까…… 여기 기록에 의하면 우리 응급실 와서도 거의 십분 가까이 심장 박동이 계속되며 살아 있던 거네."

"세상에. 그 상태에서 왔는데도 살아 있었어요?"

"응, 그때 선생님들도 살리기를 이미 포기한 상태였거든. 하여튼 그

상태에서도 그 여자 심장이 계속 뛰는 것 보면서 그때 응급처치 하던 지금 내과에 계시는 오과장님도 이해 할 수 없다며 고개를 저으셨지."

"네…."

"그때 내가 이 병원에 들어 온지 얼마 되지 않아 처음 본 사망환자라 아직도 기억이 생생해. 그때 사귀는 남자와, 여기서 쭉 올라가면 있는 역 알지? 그 역 광장에서 만나기로 했대."

"그러면 그 남자도 여기 왔었겠네요?"

"왔지. 그때 사고 난 여자 소식을 듣고 역전 광장에서 기다리던 남자가 달려 왔어. 약속 시간이 지났는데도 나타나지 않아 마냥 이 여자를 기다리고 있었대. 그러다가 가족들한테 연락을 받은 거지. 그런데 그 남자 응급실에 들어와서 여자의 처참한 시신 상태를 보더니 그만 정신이 나가버렸어. 아무 말도 못하고 그냥 한동안 완전히 넋나간 사람처럼 그렇게 서있더라고. 하긴 그때 나도 그렇게 사람이 뒤틀리고 으깨진 것은 처음 보았을 때니까. 하여튼 이 여자 때문에 우리 응급실 생기고 나서 가장 처참하고 급박한 상황이었지."

"그랬었구나… 아, 그런데 그 남자는 어떻게 됐어요?"

"누구?"

"이 여자랑 사귀는 남자가 그때 응급실에 왔었다면서요?"

과거를 회상하며 혼잣말처럼 중얼거리는 김 간호사에게 아직 응급실에 배치 된지 얼마 안된 신입 간호사가 궁금하다는 표정을 지으며 물어보았다.

"아, 그 남자. 그 때 죽은 여자 시신이 여기 있다가 화장터로 갔거든. 그래서 얼마간 우리 병원 신경정신과 병동에 입원해 있었어. 그런데 그 남자 거의 물 한 모금도 못 마시면서 멍한 눈동자로 혀가 굳은 채 말도 못하고 거의 산송장이었어. 그때 그 사람 그런 모습 보면서 나도 기분이 참 착잡하더라고. 게다가 나중에 가족들한테 들었는데 사고 당한 여자가 그림 그리는 여자였대. 그런데 그 사고 난 날 어딘가에 출품했던 그 여자의 그림이 입선 됐다고 연락이 온 거야. 그래서 가족들 말로는 아마 그 소식을 남자한테 전해 주려고 그렇게 급하게 뛰어가다 혹시 사고를 당하지 않았나 하더라고. 그런데 남자의 상태가 워낙 안 좋아서 여자가 그렸다는 그림이나 입선 소식을 전해 줄 수가 없다는 거야. 그래, 그 당시 이런 저런 사연들로 해서 더 잊혀지지 않는 것 같아."

"그랬군요."

"그런데 말이야."

참 묘하다는 표정을 지으며 김 간호사가 신입 간호사를 쳐다 보았다.

"왜요?"

"그 다음 해일 거야, 바로 그 다음 해에 그 남자가 또 왔어. 그래, 내 기억이 틀리지 않는다면 바로 오늘 12월 31인 거 같아. 시간도 아마 이 시간쯤 되었을 때였고. 저 위 역 광장 알지? 거기서 그 남자가 일 년 전 죽은 그 여자를 만나기로 했다면서 조그만 종이 상자를 꼭 쥔 채 다 시든 꽃다발을 어디서 주워 들고 서성이고 있더래. 그러면서 지나가는 사람들마다 붙들고 집요하게 시간을 물어 보더라는 거야. 그러다 역전 파출소에 신고가 들어가 잡혀 있는 걸 가족들이 초진 기록이 있는 우리 병원으로 데려 왔어."

"어머."

"나도 그 남자보고, 솔직히 그랬다는 이야기 듣고 놀랬어. 그런데 그 남자 일 년 전 여기 있을 때보다 상태가 상당히 심해져 있더라고. 그런데 그날 그 장소, 그 시간에 나가 죽은 여자를 기다리고 있었다니……

모르겠어. 그 뒤로 어디 요양원에 장기 수용할 거라면서 가족들이 진단서 떼어 달라고 해서 퇴원했는데. 내가 보기엔 쇼크가 워낙 심해 치료하기 힘들어 보이던데….”

10년 전 당시의 진료기록 차트를 들여다보던 김 간호사가 말을 흐리며 고개를 가로 저었다.

“세상에. 저기 좀 보세요. 함박눈 내려요.”

“그래? 야, 진짜 그렇네. 오늘 눈좀 쌓이겠는데.”

폐기 서류박스에 던져진 10년 전 응급실 차트. 한 여자의 당시 교통사고 응급처치 상황기록과 당직 의사의 사인이 무심하게 휘갈겨져 있다.

응급실 교통사고 환자 사망선고 시각 20XX년 12월 31일 18시 10분. ■

임철균: 1964년 전남 광주 출생. 가톨릭대학교 국어국문학과 졸업. 동 대학원 국어국문학과 박사 수료. 가대문학상 소설부문 수상. 2017년 『창작21』 소설부문 신인상으로 등단. 박종철문학상 소설부문 대상.

| 단편소설 |

파라다이스 유료낚시터
-우리동네 풍경 · 1

정 수 남

L은 없었다.

슈ㅂ, 슈슈슈슈ㅂ, 슈웁…….

찌르레기가 탁한 소리를 지르며 머리 위를 날아다니고 있었다. 근처에 갈대밭이 있는 것도 아닌데, 놈은 낚시터를 떠나지 않고 있었다. 짝을 부르는 것 같았으나 화답하는 소리는 어디에서도 들리지 않았다. 시끄럽게 내지르는 그 소리 사이로 땡볕이 쏟아져 내리고 있었다. 여름의 끝자락인데도 물러갈 줄 모르는 더위는 그날도 염천을 예고하고 있었다.

낚시터에서 바쁘게 움직이는 사람은 남자뿐이었다. 낡은 갈색 티셔츠로 몸통을 가린 남자는 외발 짐수레를 끌고 낚시터 주변을 돌면서 좌석 뒤로 흩어져 있는 주홍빛 간이의자들을 가지런히 올려 쌓고, 간밤에 꾼들이 버리고 간 쓰레기통들을 비우느라 여념이 없었다. 가끔 허옇게 배를 뒤집고 죽은 물고기들을 뜰채로 떠올리는 모습도 보였다. 나는 죽은 물고기를 떠올리는 남자를 건너다보다가 문득 가을 날 빈 논에 혼자 서 있는 허수아비를 생각했다. 그것은 아마도 장작개비처럼 비쩍 마른 몸피와 깊게 눌러쓴 밀짚모자 때문일지도 모를 일이었다.

사장은 보이지 않았다. 관리실 앞에 정차해 있어야 할 화물차가 없는 것으로 짐작해 볼 때 그는 아직 출근 전인 게 분명했다.

44번 자리에 가방을 내려놓은 나는 수건으로 땀을 한 차례 훔친 다음 천천히 3.2칸 두 대를 꺼냈다. 대부분의 낚시꾼들이 그렇게 하듯 같은 길이의 낚싯대를 쌍대로 펼칠 생각이었다. 덥지만 바람이 없어 은근히 조과가 기대되는 날씨였다. 더구나 44번 아닌가. 수심은 지난번과 변함없이 3미터 가량 되었다. 나는 수면 위에 한 마디 정도 머리를 내밀도록 찌를 맞춰놓고는 서둘러 어분과 보릿가루를 꺼내 떡밥을 개기 시작했다. 4대6의 황금비율. 이는 그날의 조황을 좌우하는 비법으로 L이 나에게 전수해준 것이었다. 서너 달의 짧은 만남이었지만 L이 나에게 가르쳐 준 것은 그 외로도 많았다. 나는 바늘채비도 현대식으로 교체할 수 있었으며, 양어장에서 주로 사용하는 분할 봉돌 찌맞춤도 한 수 배울 수 있었다. 그게 뭡니까. 붕어들이 웃겠습니다. 그걸 가르쳐주며 그는 허허롭게 웃었다. 그의 말에 의하면, 요즘 양어장 물고기는 옛날처럼 어수룩하지 않아서 웬만한 채비나 미끼로는 끔쩍도 하지 않는다는 것이었다. 꼬시려면 제대로 꼬셔야죠. 우리는 놀이삼아 하는 것이지만, 얘들은 이게 목숨을 건 생존 문제이거든요. 나는 그의 얼굴에서 햇살처럼 하얗게 부서지는 웃음을 한동안 지켜보고 있었다.

158개의 좌석 가운데 44번 자리는 좀 독별난 데가 있었다. 시멘트 위에 받침대를 꽂을 수 있도록 두 줄로 검은 고무벨트를 고정시켜놓고 그 위로 햇볕과 비, 바람 등을 가릴 수 있도록 가림막을 설치해 놓은 것과 또 뒷기둥에 흰 페인트로 좌석 번호를 표시한 것 등은 다를 바가 없었으나, L이 단골로 앉는 그 자리는 소위 잘 낚인다고 소문난 포인트로, 이곳을 몇 번 다녀간 사람이라면 누구나 눈독을 들이는 곳이었다. 왜, 그런지는 알 수가 없었다. 오른쪽으로 약간 썰그러진 직사각형의 모양이 딱 수영장을 세 배 정도 뻥튀기한 규모이고, 그래서 수심까지 거지반 엇비슷한데, 유독 인기가 있는 이유는 무엇일까. L은 어느 날 그 이유를 묻는 나에게 머리를 흔들며 이렇게 말했다. 그건 저도 알 수가 없어요. 물속에 들어가 본 적이 없으니까. 그러나 아니었다. 차이는 분명히 있었다. 동네에서 가까운 곳에 낚시터가 있다는 소문을 듣고 그쯤이야 하고 가벼운 마음으로 출행을 하였다가 몇번 빈 바구니로 돌아섰던 나는 결국 44번의 우월성을 인정할 수밖에 없었다. 44번은 특히 밤낚시에서 다른 자리와 뚜렷한 차이를 드러내곤 하였다.

약 천여 평 되는 낚시터에 대를 드리운 사람은 나 혼자 뿐이었다. 낚시꾼이란 찾아 볼 수가 없었다. 대개의 유료낚시터가 그렇지만 그 가운데에서도 파라다이스는 유독 낮 낚시가 잘 되지 않는 곳으로 소문이 나 있었다. 그것은 이미 이곳을 자주 찾는 낚시꾼들이라면 모두 인지하고 있는 사실이었다. 그런 까닭에 낚시꾼들은 해가 쨍쨍 내려쬐는 한낮에는 좀체 모습을 드러내지 않았다. 붕어가 그늘에 숨어 움직이지 않듯, 해가 떨어지기를 기다리는 게 대부분이었다. 그러나 해거름이 되면 누가 부르지 않아도 비린내를 맡기 위해 슬슬 움직이는 게 또한 그들의 습성이었다. 그러니까 엄밀히 말하자면 파라다이스 유료낚시터의 영업은 저녁에 문을 열고 그 다음 날 아침에 문을 닫는, 야간업소와 다를 바가 없었다.

밑밥을 주기 위해 내가 부지런히 헛챔질을 하는 동안에도 찌르레기는 여전히 쉬지 않고 부산을 떨어댔다. 나무 사이를 바삐 옮겨 다니며,

그 탁하고 쉰 목청으로 계속 누군가를 부르며 울고 있었다.

몇 번 밑밥을 던졌을까. 이윽고 찌가 까딱거리기 시작했다. 치어들이 붙었다는 증거였다. 치어들이란 낚시꾼들에게 잡히지 않고 살아남은 물고기들이 작년, 또는 금년에 슬은 알들이 부화한 것으로 작고 보잘것없어 낚시꾼들이 기피하는 것이었다.

마침내 깻잎만한 치어 한 마리를 낚아냈을 때였다. 건너편에서 청소작업을 하던 남자가 주춤주춤 다가왔다.

오늘은 일찍 왔슴다?

예에, L씨와 약속을 해서.

기럼, 곧 오갔네, 기 양반이야 늘상 오시니끼니.

그 사이에도 남자는 가만히 있지 않았다. 외발 짐수레 위로 쓰레기들을 위태롭게 쌓고 있었다. 훅, 그의 몸에서 땀 냄새가 풍겼다.

어제 이 자리 좀 어땠어요?

맨날 그렇지 않습네까?

그럼 좀 잡았겠네요?

모르갔슴다. 저는…….

누가 여기 앉았습니까?

나는 C를 떠올렸다. L은 아니었다. 그는 어제 일이 있어 올 수 없다고 했다. 그렇다면 44번을 호시탐탐 노리던 C가 어젯밤 손맛을 톡톡히 보았을 게 틀림없었다. 하지만 남자는 내 질문엔 관심이 없다는 듯 대꾸를 미룬 채 건너편으로 시선을 돌렸다. 그도 찌르레기 소리가 자꾸 마음에 걸리는 모양이었다. 데놈의 새새끼! 그가 버럭 소리를 질렀다.

남자는 늘 그런 식이었다. 석 달 가까이 낚시터를 찾을 때마다 얼굴을 대하곤 하였으나 내가 남자에 대해 아는 것이라고는 조선족이라는 것밖에 없었다. 언제 왔으며, 왜 왔는지, 또 가족관계는 어떠하며, 언제 돌아갈 건지, 아니면 아주 이곳에 눌러 살 건지 등에 관해서 아무것도 알지 못했다. 물어보지 않은 것은 아니었다. 때로는 농담처럼, 또 때로는 진담처럼, 나도, L도 짬만 나면 물었다. 그러나 남자는 그때마다 기딴 거 알 필요 있습네까, 하고는 엷은 웃음으로 얼버무리기 일쑤였다. 그럴 때 남자의 웃음은 꼭 메밀국수 같았다. 올이 굵고 거무튀튀해 거친 것 같지만 이빨로 씹으면 한 번에 맥없이 끊어지는……

데 놈이 어데서 날아왔을까. 남자는 혼잣말을 뇌까리며 다시 외발짐수레 손잡이를 잡았다. 바람 한 점 없는 수면은 이따금 예고 없이 물고기가 힘을 자랑하듯 튀어 올라 파문을 일으키곤 하였다.

나는 이따금 입구 쪽으로 머리를 돌렸다. 그러나 L의 모습은 내 눈엔 들어오지 않았다.

그날도 낚싯대를 메고 나오는 나를 향해 아내는 답답하다는 투로 또 잔소리를 늘어놓았다. 종작없이 시간 허비하지 말고 빨리 결정하자는 것이었다. 나는 아내의 말을 뒤로 한 채 현관을 빠져나왔다. 아내의 말투가 마음에 걸리지 않는 것은 아니었으나 대꾸할 말을 쉽사리 찾을 수 없었던 까닭이었다. 아내의 말은 모두 맞았다. 중학교 수학교사로 정년퇴직한 뒤 1년 가까운 시간을 허송세월하고 있는 남편을 누가 달갑게 여길 것인가. 부부가 삼십 년 넘게 쌓아온 신뢰의 성이란 그렇듯 견고한 게 아니었다. 하지만 나는 어쩔 수가 없었다. 전공을 살려 수학단과학원이라도 차려볼까 생각해본 적도 있었으나 그것 역시 만만치가 않았다. 기존 학원들과 경쟁을 하여야 할 터인데, 요즘의 교육 경향이나 수강생 확보 문제, 특히 젊은 강사들을 따라잡을 자신이 서지 않았다. 아무리 머리를 짜보아도 수학공식처럼 정답이 나오지 않았다. 그렇다고 퇴직금이나 야금야금 까먹으면서 시간을 보내겠다는 생각을 하고 있는 것은 아니었다. 답답해하는 아내를 이해하지 못하는 것은 아니지만, 그럴수록 돌아가야 한다는 생각이었다. 자칫 서두르다가 속고, 속이는 일이 매일같이 일어나는 이 세상에서 내 인생의 후반기를 실패로 만들 수는 없었다.

한낮이 되면서부터는 가만히 앉아 있어도 땀방울이 등줄기로 흘러내렸다. 가림막이 머리 위에서 그늘을 만들어주고는 있었으나 그것으로 무더위를 막기란 역부족이었다. 수건으로 연신 땀을 훔치며 나는 끝없이 덤벼드는 치어와의 싸움에 차츰 지쳐갔다. 찌르레기도 지쳤는지 한낮이 지나자 자취를 감췄다.

저녁이 다 되도록 L은 나타나지 않았다.

산그늘이 짙어지면서 낚시꾼들이 하나둘 모습을 드러내기 시작했지만 그의 얼굴은 없었다. 해가 떠있는 동안 치어 대여섯 마리를 살림망에 담은 나는 슬그머니 부아가 치밀었다. 물론 그동안 여기에서 많은 것을 배운 것은 사실이지만, 그래서 사부라는 호칭까지 붙여주며 발라맞추기도 했지만, 나이로 보나 뭐로 보나 내가 그에게 이렇듯 무시당할 존재는 아니라는 생각이 갑자기 온몸을 찔러댔다. 그러나 그가 모습을 드러내지 않는다고 해서 탓할 수 있는 것만은 아니라는 생각이 들자 나는 곧 마음을 가라앉혔다. 석 달 전 이곳에 처음 왔을 때 우연히 알게 된 그와는 낚시를 빼놓으면 아무 상관도 없는 사이였으며, 그런 까닭에 그에 대해 아는 것 역시 없는 게 사실이었다. 문산 어디에 산다는 집도, 쉰둘이라는 나이도, 카센터 사장이라는 직함도, 사실 확인이 되지 않은 상태였다. 하물며 우리는 그 흔한 휴대폰 번호도 주고받지 못한 사이였다. 그렇게 보면 또 반대로 그가 나에 대해 모르는 것 역시 마찬가지일 터이었다. 퇴직금으로 무슨 사업을 할까, 혹시 사기를 당하지는 않을까, 전전긍긍하고 있다는 것은 물론, 자주 찾는 이 낚시터도 사실은 내가 은밀히 탐색중인 사업 가운데 하나라는 것은 더더욱…….

사방이 산으로 둘러싸인 파라다이스 낚시터는 다른 곳보다 어둠이 일찍 찾아들었다. 보랏빛이 안개처럼 사위를 촉촉이 적시기 시작하자 수면 위에는 어느새 초록의 별들이 여기저기 아주 작은 꽃처럼 피어났다. 비로소 밤낚시가 시작되었다는 것을 알리는 신호였다. 그때가 되면 관리실 앞 주차장에 차를 세운 낚시꾼들이 혼자, 혹은 둘, 또는 떼를 지어 모여드는 통에 조용하던 낚시터는 갑자기 시장이 선 것처럼 북적거리기 일쑤였다.

얼마나 지났을까. 드디어 건너편에 앉은 낚시꾼이 물고기와 힘겨루기를 하는 게 눈에 들어왔다. 9번인 것 같았다. 제법 큰 물고기인 듯 찌 불이 한참동안 공중에서 위태롭게 흔들렸다. 결국 수면을 여러 차례 차며 저항하던 물고기를 끌어낸 모양이었다. 낚시꾼의 환호 소리가 잠시 소란스럽게 들렸다.

입어료를 받기 위해 남자가 온 것은 기다리던 L은 아니 오고 뜬금없이 C가 모습을 보인 뒤였다. 그렇다면 그가 어젯밤 이곳이 오지 않았다는 것과 44번 자리에 앉지 않았었다는 것은 확실해졌다. C는 대를 펴기도 전에 입어료부터 달라는 낚시터는 여기밖에 없을 거라며 투덜거렸다. 삼 만원. 그것은 어차피 지불해야 할 공정금액이었다. 나는 아무 말도 하지 않고 지갑에서 돈을 꺼내주었다.

C는 45번 자리에 가방을 내려놓았다. 그는 마치 그 자리가 자신의 지정석이라도 된다는 양 조금도 망설이지 않았다. 나는 얼굴을 찡그렸

다. 다른 자리를 모두 놔두고 하필이면 나하고 1미터도 떨어지지 않은 곳에 앉다니……. 몇 번 낯을 익힌 사이이기는 해도 그것은 분명 옆 사람에 대한 예의가 아니었다. 헛기침을 몇 번 터트린 나는 마뜩잖은 눈으로 그를 돌아보았다. 그렇다면 그동안 몇 차례 목격했던 것처럼 또 밤새도록 곁에서 그가 붕어를 낚는 모습이나 구경해야 하는 곤욕을 치를 것 같은, 불길한 예감이 엄습했다. 그러나 C는 그런 것 따위는 아랑곳없다는 얼굴로 빨간 모자를 몇 번 벗었다 쓰기를 반복하면서 오히려 몇 마리 잡았느냐, 천하명당 자리에 앉았으니 오늘 밤은 살림망 아귀까지 채울 수 있을 거라는 등, 변죽을 떨었다. 그래도 내가 입을 열지 않자 이번엔 그때까지 가지 않고 주변을 맴돌던 남자를 붙잡고 볼멘소리를 늘어놓았다.

고기, 넣은 거 정말 분명해?

그때였다. 또 맞은편에서 고기를 낚아내는 소리가 들렸다. 이번에도 제법 큰 놈인 듯 퍼덕거리는 소리가 요란스러웠다.

유료낚시터에 풀어놓는 물고기들은 간혹 손님고기로 향어나 잉어, 메기를 넣는 경우도 있으나 대부분이 붕어 위주로 이루어지곤 하였다. 파라다이스도 예외는 아니었다. 사장은 토종만을 풀어놓는다고 했다. 그러나 그 속내를 정확히 알고 있는 사람은 아무도 없었다. 남자도 모른다고 했다. 소문은 꼬리에 꼬리를 물었다. 어떤 사람은 중국산과 토종을 반반씩 섞어 넣는다고도 했으며, 또 어떤 사람은 아직도 중국붕어가 대부분을 차지한다고 투덜거리기도 했다. 그것은 무엇보다 파라다이스의 입질 패턴이 일정하지 않다는 게 증명한다는 것이었다. 하긴, 이곳의 입질이 유독 까다로운 것은 사실이었다. 대개의 경우 토종이라면 찌를 몸통까지 시원스럽게 쭈욱, 밀어 올리는 게 상례이고, 낚시꾼들은 또 그걸 보고 즐기기 위해 찾는데, 깐죽거리거나 깜빡거리고, 또 때로는 슬쩍 찌를 끌고 들어가는 바람에 짜증이 날만큼 눈을 피곤하게 하기 일쑤였다. 그것은 소위 겁이 많은 중국붕어들의 전형적인 입질이었다. 그렇지만 그걸 탓하는 사람이 있으면 사장은 늘 그 이유를 고르지 않은 바닥 때문이라고 말하곤 했다. 구입 가격에서는 크게 차이가 나지 않았다. 그래도 사장들이 중국산을 고집하는 원인은 양식된 중국붕어가 저수지나 수로에서 그물로 갓 건져온 토종붕어보다 적응력이 높고, 폐사율이 낮은 탓이었다.

내가 낚싯대를 처음 잡은 것은 교사 시절 동료들과 일 년에 서너 차례 동행을 하면서부터였다. 경기도와 충청도, 강원도의 저수지와 수로 등을 쫓아다니다가 어느새 낚는 재미에 빠진 나는 결국 낚시도구까지 구입하게 되었으며, 그 뒤부터는 수동적이 아니라 능동적으로, 때로는 혼자서도 낚시터를 찾는 꾼이 되었다. 비린내를 풍긴다고 아내가 질색을 했지만 나는 못들은 체 시간만 나면 낚시터로 내빼곤 하였다.

낚시의 매력은 대략 네 가지로 구분이 되었다. 첫째는 낚시터를 향해 갈 때 설레는 그 기대감이며, 둘째는 대를 가지런히 펴놓고 앉아 붕어를 기다리며 물비린내를 맡을 때이고, 셋째는 입질이 왔을 때 말뚝마냥 꼼짝 않던 찌가 살아 움직이는 것을 목격하는 것이며, 넷째는 타이밍을 맞춰 대를 챘을 때 저항하는 물고기와의 힘겨루기, 즉 손맛이라고 할 수 있었다. 그러나 그것은 자연환경의 수면에서 느끼는 것이지, 파라다이스처럼 인위적으로 조성된 유료낚시터에서는 좀체 느끼기가 어려웠다. 그래도 사람들이 찾는 이유는 편의성 때문이라고 할 수 있었다. 언제 와도 씨알 굵은 붕어와의 싸움에서 손맛을 볼 수 있고, 시간이 절약 된다는…….

해가 떨어진 지 꽤 되었으므로 예상대로라면 44번에서는 응당 입질이 시작되었어야 했다. 그러나 웬일인지 찌는 죽은 듯 미동도 없었다.

이따금 챌 시간을 주지 않을 만큼 빠르게 오르내리는 것은 그때까지도 치어들이 들어가지 않았다는 증거였다. 그럴 적마다 나는 할 일 없이 빈 낚싯대를 거두어 미끼를 갈아주곤 하였다. 그러나 차츰 불안한 예감이 드는 것은 어쩔 수 없었다. 44번에 앉아 있더라도 붕어가 와서 물어주지 않으면 아무 소용이 없다는……. 그렇다면 손맛은커녕 졸고 있는 찌 불만 바라보다가 밤을 하얗게 밝힐 수도 있는 일 아닌가. 사실 낚시터에서 그런 일을 겪은 기억은 허다했다. 그와 같은 불길한 예감은 건너편에서 물고기를 낚는 소리가 연거푸 들릴 때마다 더욱 가깝게 느껴졌다.

C가 L과 만나기로 했다는 것을 알게 된 것은 남자가 대꾸조차 하지 않고 돌아선 뒤 한 시간 가량 지났을 때였다. 밑밥을 달아 몇 번 투척한 그가 유독 길고 뾰족한 턱을 앞으로 삐죽이 내밀고는 더 이상 참을 수 없다는 듯, 근데 왜 이 사람은 아직까지 나타나지 않는 거야, 하며 휴대폰을 몇 번 눌러댈 때까지도 나는 그게 L을 두고 하는 소리인 줄은 알지 못했다. 그래서 막연히 그도 나처럼 누군가를 기다리고 있는 줄만 알았다. 그러나 곧이어 그가 카센터는 자기 혼자 하는 줄 아느냐면서 고물자동차 몇 대 넘기겠다고 해서 왔더니, 세상에 믿을 게 하나도 없다는 등, 혼잣말을 뱉어내기 시작하면서부터는 그 상대가 L이라는 것을 짐작하게 되었다.

이번엔 내가 먼저 입을 열었다.

L과 만나기로 하신 거예요?

내가 묻자 C는 서슴없이 머리를 주억거렸다. 그리고는 곧이어 자신을 중고자동차매매중개업자라고 소개한 뒤 그동안의 사연을 풀어놓기 시작했다. 그의 말에 의하면 그도 역시 L과는 금년 봄 여기에서 낚시를 하다가 우연히 알게 된 사이로, 동갑내기라는 것이 인연이 되어 더 가까워졌다고 했다. 그렇지만 나의 경우처럼, 아직까지 낚시터를 벗어난 다른 곳에서 따로 만난 적은 없었다고 했다.

서로 사는 게 바쁘다 보니까.

C는 그게 누구의 잘못도 아니라고 했다.

나는 고개를 끄덕였다. 맞는 말이었다. 특별히 관계를 맺은 사람 사이에도 소원할 수밖에 없는 게 요즘 세상인데, 더구나 그런 사이라면 능히 그럴 수도 있는 일이었다.

카센터를 한다고 하지 않던가요?

맞아요. 밥 먹고 사는 일까지 비슷하니까 더 가깝게 느껴지더라고요.

C도 L못잖게 낚시 솜씨 하나는 뛰어난 편이었다. 그는 이미 바닥을 꿰뚫고 있는 듯 어느새 지목한 자리에 헛챔질을 통해 밑밥을 주기 시작했다. 퍼덕거리는 소리가 들리는 것을 보면 60번과 123번에도 입질이 들어오는 모양이었다. 잠시 뒤에는 왼편과 오른편에서도 물고기와 힘 겨루는 소리가 들렸다.

근데, 왜 오지 않는 걸까요?

글쎄 말입니다.

C가 남방셔츠 주머니에서 담배를 꺼내 물면서 나를 돌아보았다.

혹시 그 사람, 그걸 처분할 계획이라고 말하지 않던가요?

실은 그래서 나도…….

나는 수면으로 시선을 돌렸다. 먹물 같은 수면 곳곳에는 실차게 눈을 뜬 초록의 찌들이 불을 밝힌 채 파수꾼처럼 길목을 지키고 있었다. 밤이 깊어가면서 낚시터 주변의 시끄러움은 차츰 잦아들고 있었다. 이따금 심부름을 시키기 위해 남자를 부르는 소리가 다급하게 들릴 뿐,

다른 때처럼 삼겹살을 굽거나 술판을 벌이는 무리는 없는 듯 했다.

기다리지 마세요. 휴대폰도 불통인 걸 보면 이 사람 사단이 단단히 난 모양이에요.

C는 이미 자신은 포기했다고 말했다. 또 이렇듯 약속을 지키지 않는 L과는 앞으로 거래도 하지 않겠다고 했다.

C가 다시 말을 이었다.

이 사람, 지금쯤 아마 캐나다에 가있을지도 몰라요.

그게 무슨?

아들 딸 마누라가 모두 캐나다에 있다고 하지 않던가요?

그런 말은 들었습니다만…….

나는 공연히 가슴이 두근거렸다. 나도 모르게 헛기침이 터져 나왔다.

그렇다면 쌍방이 십 년 공방살이였다는 얘기인데, 그런 마누라가 지금까지 온전하겠어요? 바람이 나도 벌써 단단히 났겠지. 더구나 거기가 어딥니까.

입맛을 쩝쩝 다시다가 C가 다시 말을 이었다.

고무신 거꾸로 신은 마누라를 누가 돌려세우겠습니까?

예에? 혹시 그런 기색이라도 있었습니까?

지난번에 슬쩍 언질을 비췄지만 내가 모른 척 했지요. 남의 가정사에 공연히 끼어드는 게 싫어서…….

C의 말은 추측에 불과했다. 진위가 판명된 게 아니었다. 하지만 나는 어쩜 그의 말이 사실일지도 모르겠다고 생각했다. 요즘 세상에 누가 누굴 믿는단 말인가. 그러나 한편으로는 지금이라도 L이 나타나 C의 추측이 틀렸다는 것을 보여주었으면 하는 마음이었다.

내가 L을 기다리는 이유란 딴 데 있었다. L은 카센터 운영이란 특별한 기술이 없어도 가능하다고 했다. 어차피 기술자 한둘은 고용하여야 하기 때문에 지금의 종업원을 눌러 앉히면 되고, 단골도 그대로 넘겨주겠다고 했다. 그 외로 모르는 것들은 자신이 출국하기 전에 가르쳐줄 터이니까 걱정하지 않아도 된다고 하였다. 그 가운데 특히 내 귀를 솔깃하게 했던 것은 수입 문제였는데, 카센터란 많이 남는 업종이 아니고 그냥 일한 만큼 밥 먹고 산다고 생각하면 실패하지 않는다는, 바로 그 말이었다. 그것은 지금까지 내가 이곳저곳을 찾아다니며 염탐하듯 만나본 사람 가운데 가장 진솔한 대답이었다. 더구나 내 마음을 움직인 것은 그가 그것을 매각하고 곧 아들딸이 공부하고 있는 캐나다로 들어가야 한다는 것이었다. 아이들이 보고 싶어서 더 이상은 못 견디겠어요. 마누라도 그렇고……. 사는 게 이런 건 아니잖아요? 그러나 내 귀에는 그의 말이 들어오지 않았다. 그보다는 먼저, 그렇다면 시가보다 싸게 인수받을 수 있겠다는 계산이 머릿속에서 빠르게 맴돌았다.

사실 아내는 그동안 내가 얼마만큼 발품을 팔며 돌아다녔는지, 그 고충을 이해하지 못했다. 쉰다고 쉬는 게 아니었다. 늘 숙제를 못 하고 노는 어린아이처럼 마음이 불안하다는 것을 아내는 알지 못했다. 학원, 편의점, 독서실, 서점, 카페……. 쉴 새 없이 더듬이를 움직이는 곤충처럼 때로는 며칠씩 그곳 부근을 맴돌며 시장조사를 하였고, 또 때로는 주인이나 종업원을 붙들고 늘어지기도 하였다. 물론 목적을 숨긴 채 에둘러가는 방법을 택할 수밖에 없었으나 결과는 매번 믿을 수 없다는 것으로 귀착되었다. 나에게 흡족한 결론을 주는 곳은 아무 데도 없었다. 소위 잘 나간다는 친구나 선배, 후배를 찾아가도 그것은 마찬가지였다. 자세히 가르쳐주려고도 하지 않았으며, 조금 깊이 들어가려고만 하면 무슨 큰 비밀이라도 되는 것인 양 쉬쉬하기 일쑤였다. 결국 몸바탕이 얼럭장사를 할 처지가 못 된다는 것을 스스로 깨닫고 있는 나는 그들에게서 내 삶의 후반기를 발견하는 것을 포기할 수밖에 없었다.

오늘밤은 틀렸구만!

미끼를 던지며 C가 혼잣말처럼 한 마디 건넸다. 하긴, 다른 날 같으면 벌써 때글때글한 붕어 열댓 마리는 너끈히 낚았을 시간이었다. 그런데 아직 붕어 같은 붕어 한 마리를 낚지 못하고 있다니……. 이건 채비나 낚싯대의 길이, 기량의 문제가 아니었다. 물속의 조화가 분명했다. 그것을 증명이라도 하듯 건너편에서는 연신 붕어를 끄집어내고 있지 않은가. 비로소 C도 이 점을 감지한 모양이었다.

오늘밤은 붕어들이 모두 건너편으로 이사를 갔나 보군.

L은 이런 때를 가리켜 용왕이 궁을 비운 날이라고 했다. 그런 때는 대표선수라도 용빼는 재주가 없다는 것이었다. 기다림만이 있을 뿐이라고 했다.

나는 미끼를 바꿔보기로 했다. 미끼에 따라 조과가 현격히 달라지는 경우를 종종 목격하였기 때문이었다. 그래, 이번엔 글루텐이다! 나는 바닐라글루텐과 딸기글루텐을 꺼냈다. 그리고는 그것을 말랑말랑해질 정도로 개놓고는 또 어분을 꺼내 다른 그릇에 차지게 뭉쳐 놓았다. 기왕 기다릴 것이라면 이제부터는 한 바늘엔 글루텐 또 한 바늘엔 어분을 사용하는, 이른바 짝밥을 사용하며 시간을 보낼 요량이었다. 그것 역시 L이 가르쳐준 것이었다.

C는 가만히 앉아 기다리지 않았다. 부지런히 품질을 하던 그가 무슨 생각이 들었는지 갑자기 자리를 털고 일어섰다. 도대체 이놈들이 입질을 안 하는 이유가 뭐야. 일어선 그는 그것을 알아봐야겠다는 투로 건너편을 향해 발걸음을 옮겼다. 그 사이에도 건너편에서는 또 붕어가

끌려나오지 않기 위해 안간힘을 쓰는 소리가 들렸다. 이번엔 6번 자리였다. 그러니까 지금 파라다이스에서 붕어가 가장 활발하게 입질을 하는 곳은 6번과 9번 자리인 셈이었다.

도대체 고기를 집어넣은 거 맞는 거야?

곧이어 남자를 닦달하는 C의 목소리가 수면을 타고 건너왔다.

예에, 넣었습다.

관리실 앞 평상에 앉아 있던 남자가 화들짝 놀라 일어서는 모습이 얼핏 비쳤다.

그런데 왜 안 잡혀?

그거를 내가 어떻게 알갔슴까?

남자의 말투는 여전히 메밀국수처럼 매가리가 없었다. 그러나 겨자처럼 톡 쏘는 대거리는 여전했다.

아내로부터 문자를 받은 시각은 9시가 막 넘어갈 무렵이었다. 꽃집을 해야겠다는, 아주 짧은 메시지였다. 그러나 그것이 나에게 던진 충격은 그렇게 간단하지 않았다. 이건 또 무슨 뜬금없는 소리인가. 나는 서둘러 즐겨찾기 1번을 눌렀다. 하지만 아내의 말투는 나와 달리 이미 달떠 있었다. 기다렸다는 듯 아내는 친구의 문병을 갔다가 우리에게 마침맞은 꽃집을 하나 발견하였다는 것을 자랑스럽게 늘어놓기 시작하였다. 병원 앞이어서 시장성도 좋고, 보증금과 권리금 또한 딱 적당하다는 것으로, 아내는 이거야말로 그동안 착하게 산 우리에게 하늘이 내려준 선물이라며, 놓쳐서는 안 된다고 강조했다.

노인네가 운영하는데, 나이가 들어서 이젠 그만 쉬고 싶대요.

주변에 다른 꽃집이 있는지는 조사해봤어?

그것도 필요해요?

나는 한숨을 길게 토해내었다. 그렇다면 아직 꽃집은 하늘의 선물이 아니었다. 그게 정말 선물이 되려면 더 많은 자료가 필요했다. 그런데 아내는 왜 그걸 모를까. 왜, 모든 걸 믿는 눈으로 바라보는 걸까. 지난 번 횟집을 고집할 때만 해도 그랬다. 비브리오 균 때문에 여름 한철은 폐업상태에 들어가야 한다는 것과 식품위생관리법이 강화되어 가뜩이나 손님이 적은 작은 가게는 영업하기 힘들다는 것을 전혀 감안하지 않고 당장 계약부터 하자고 서두르는 통에 애를 먹지 않았는가.

나는 문득 3년 전 나보다 먼저 퇴직한 국어교사 K선생이 차렸던 감빗집이 떠올랐다. 모두가 잘 될 것이라고 예상했지만 결국 실패한 그 선생은 작년에 스스로 목숨을 끊지 않았는가. 나는 아침에 다시 이야기하기로 하고는 닫기를 눌렀다. 마음이 쇠뭉치를 달아 놓은 것처럼 무거웠다. 어둠처럼, 어디가 어디인지 갈피를 잡을 수가 없었다.

건너편까지 가서 남자를 붙들고 따지던 C가 얻어온 것은 정작 아무것도 없었다. 그가 가지고 온 것이란 고작 6번과 9번에 앉은 사람들이 일행이라는 것과 파라다이스가 초행이라는 것뿐이었다.

그런데도 저렇게 잘 잡아요?

내가 묻자 그는 소곤거리는 말투로 이렇게 대꾸했다.

그러니까 조화라는 거 아닙니까.

나는 입을 다물었다. 아직 시간은 있었다. 물속이 그렇듯 조화롭다면 아직은 모를 일이었다. 건너편에 몰려 있는 물고기들이 머리를 틀어 44번 자리로 다시 들어오지 말라는 법도 없지 않은가. C도 마음을 돌린 듯했다. 새로 미끼를 끼운 그가 낚싯대를 힘 있게 던져 넣고는 담배연기를 길게 뿜어냈다. 하지만 입질은 기대만큼 쉽게 찾아들지 않았다. 몇 번 품질을 했으나 찌는 여전히 꿈쩍 하지 않았다. 어디선가 개 짖는 소리가 들렸다.

한식경이 지났을 무렵, C가 다시 입을 열었다.

충주댐 가 보셨지요?

십여 년 전에 몇 번…….

나는 어눌하게 대꾸하며 그를 돌아보았다. 모기향이 꺼져가고 있었다.

그럼 잘 아시겠네? 거기 입질 하나는 정말 끝내주지 않아요?

C는 충주댐 문골과 동량을 두고 이야기했다. 그러나 내가 갔던 곳은 그곳이 아니었다. 더군다나 갈 적마다 비가 오거나 배수를 하였던 탓에 밤새 입질 한 번 받아보지 못하고 빈 바구니로 돌아왔던 기억이 있을 뿐이었다. 그러나 C는 그렇지 않은 모양이었다. 석 자짜리 긴 찌를 몸통까지 밀어 올리는 통에 너무 황홀해서 미처 채지 못하고 바라만 보다가 놓쳤다는 등, 소나기 입질을 받아 하룻밤에 월척으로만 50여 수를 낚는 통에 다음날 어깨에 파스를 덕지덕지 붙이고 다녔다는 등, 선웃음까지 섞어가며 신바람 나게 떠들어댔다. 거기에 덧붙여 그는 또 파로호와 진천의 초평지, 부사호, 곡성의 백곡지, 서산의 잠홍지, 고흥의 해창만 등에서 올린 조과까지 자랑스레 떠벌렸다. 나는 어느 곳을 가봤느냐고 그가 물을 적마다 건성으로 대꾸하면서 한 귀로 흘려들었다. 그것이야말로 낚시꾼들이 흔히 떠들어대는 허풍이라는 것을 익히 알고 있는 까닭이었다. 그러나 C는 내가 그의 말을 귓등으로 흘려듣는 것을 알지 못하는 것 같았다. 곤댓짓까지 해가며 연신 떠벌리고 있었다.

그때였다. 수면에 머리를 내민 채 졸고 있던 왼쪽 찌에 아주 미세한 움직임이 포착되었다. 예신이었다. 나는 잠시 숨을 멈춘 채 찌를 주시했다. 그러나 그뿐, 찌는 더 이상 움직이지 않았다. 가출한 치어가 방황하다가 찌를 잘못 건드린 거예요. C가 한 마디 던지고는 무엇이 우스운지 혼자 키득거렸다. 그리고 잠시 뒤였다. 이번엔 정말 오른쪽 찌가 천천히, 아주 천천히 두세 마디 무겁게 솟았다. 얼마만인가. 그것을 목격한 순간, 힘차게 대를 챘다. 그러나 내 기대와는 달리 낚싯대에 걸려나온 것은 아무 것도 없었다. 허탕이었다.

이번에도 C가 훈수를 두듯 결말을 던졌다.

봤죠? 그게 유료낚시터의 전형적 입질이라니까요.

하지만 나는 대꾸하지 않은 채 찌를 주시했다. 그것이야말로 어쩌면 건너편에 있던 붕어들이 이곳으로 머리를 틀었다는 징조일지도 모른다는 생각이 들었기 때문이었다.

그럴 땐 찌가 다 올라올 때까지 기다리지 말고 채야 해요. 그래야 위 콧구멍에 바늘이 정확하게 박혀요.

C가 나를 돌아보았다.

하지만 C가 추측한 것처럼 나의 찌는 다시 졸음 속에 빠져들지 않았다. 서둘러 미끼를 꿰어 던진 찌가 제자리를 찾아 서자 아까와 똑같은 입질이 다시 들어온 것이었다. 그리고 이번엔 허탕이 아니었다. 채는 순간 묵직한 촉감이 손끝에 느껴졌다. 포물선을 그린 낚싯대에서는 피아노 소리가 나기 시작했다. 갈지자로 뻗으며 저항하는 본새가 제법 큰 놈이 틀림없었다. 한참 후에야 나는 비로소 그 고기를 뜰채에 담을 수 있었다.

맞아요. 그렇게 채야 하는 거예요.

빨간 모자를 고쳐 쓴 C가 긴 턱을 삐죽이 내밀었다.

나는 내 손에 잡힌 채 숨찬 듯 뻐끔거리는 붕어를 내려다보았다. 붕어는 제법 실해 보였다. 그러나 곳곳에 시달린 흔적이 역력한 붕어였다. 등 쪽으로는 이미 비늘이 여러 개 떨어져 있었으며, 아가미와 꼬리지느러미 쪽 상처에는 비루먹은 것 마냥 핏빛까지 비치고 있었다.

손맛 좋았죠?

……….

나는 손을 씻으면서도 께름칙한 느낌을 끝끝내 지울 수가 없었다.

그 사이에도 건너편에서는 붕어를 연달아 낚아내고 있었다. 공중에 매달린 초록빛 찌 불이 자주 위태롭게 떨다가 멈추곤 하였다. 어디선가 또 개 짖는 소리가 들려왔다.

자정이 되자 관리실 앞 주변을 밝히던 세 개의 외등이 모두 꺼졌다. 그것은 곧 사장의 퇴근과, 관리실을 비롯한 매점과 식당이 문을 닫는다는 신호였다. 그렇지만 남자가 잠자리에 든다는 신호는 아니었다. 사장의 엄명에 의한 것이기는 하지만, 혹시라도 밤늦은 시각에 찾아올 꾼들을 위해 남자는 밤새 눈을 밝히고 있어야 했다.

소등이 된 낚시터는 더욱 어둠속에 휩싸였다. 모기 소리가 귓가를 맴돌았다.

자정이 되면 물고기들이 한 차례 돌 거라는 C의 기대는 보기 좋게 빗나갔다. 그 뒤로도 입질은 좀체 들어오지 않았다. 정물처럼 수면에 달라붙은 찌는 움직일 줄을 몰랐다. 그러나 이제는 어쩔 수 없었다. 시간이 지나면서 눈이 침침해지고 오금이 저려왔으나 나는 자리를 벗어나지 않은 채 망부석처럼 자리를 지키고 있었다.

그러나 C는 아니었다. 참지 못하겠다는 듯 몇 번 몸을 비틀던 그가 이윽고 또 자리를 털고 일어섰다. 더 이상 기다린다는 것은 무모한 짓이라면서 자리를 옮기겠다는 것이었다.

어디로 가시려고요?

내가 말렸으나 그는 단호했다.

붕어가 나한테 오지 않겠다면 내가 찾아갈 수밖에 없지 않아요? 선생도 고집 그만 부리고 옮기세요. 이럴 땐 현명해야 해요.

이 밤중에?

낮과 밤이 따로 있습니까?

그럼, 어디로?

건너편이요.

그는 거리낌이 없는 투로 말했다.

아까 내가 봐둔 자리가 있어요. 팔 번. 선생도 옮기겠다면 칠 번 자리로 가세요. 거기도 비어 있으니까.

나는 깜짝 놀랐다. 그렇다면 6번과 9번, 그 사이에 끼어 앉겠다는 것 아닌가. 그것은 처음 그가 내 옆에 바투 앉았을 때처럼 또 한 번 상대방에게 크게 결례를 범하는 것이었다.

입어료를 냈으니까 어쨌든 본전은 뽑아야 하지 않겠어요?

결심을 굳혔다는 듯 C는 어느새 대를 접기 시작했다.

유료낚시터를 운영한다는 것도 만만치는 않았다. 사장은 3년 임대료 2억 원을 선불해야 한다는 것으로부터 시작해서 한 달 수입과 지출까지 비교적 소상히 알려주었다. 그는 유료낚시꾼들의 한 달 입장 숫자를 대략 1천 명으로 잡으면 실수하지 않을 거라고 했다. 이는 물론 평일과 주말을 합친 것으로 비가 오거나 바람이 불어 공치는 5일을 예상하여 뺀 수치였다. 그렇게 볼 때 한 달 수입은 3천만 원이라는 제법 큰 금액이 그려졌다. 물고기 구입비와 인건비 경상비 등을 제하더라도 순수익 1천5백만 원은 너끈히 쥐게 되는 셈이었다. 그러나 그것이 착각이라고, 사장은 강조했다. 일 년 열두 달 계속 돌아가면 그렇게 되겠지만, 낚시터는 성수기와 비수기가 있어서 11월부터 다음 해 2월까지는 완전히 쉬어야 하고, 또 3월 개장을 준비하려면 시설 보강도 필요하다고 했다. 다른 곳과의 경쟁에서 밀려서는 안 된다는 것이었다. 거기에 덧붙여 여름철에는 치어를 걷어내기 위해 물갈이도 한두 번 해주어야 하고, 고객 유치 차원에서 상품을 걸고 대회도 몇 번 치러야 한다고 했다. 물론 미끼와 음료수 등을 파는 매점과 식당, 세 개의 방갈로 사용 등을 통한 부수입이 없는 것은 아니었다. 그러나 그 모든 것을 통틀어도 3년이 지나면 겨우 재계약할 정도의 임대료를 모으면 다행이라면서, 사장은 그동안 먹고 살았다는 게 수입이라면 수입이라고 자조적인 웃음을 띠었다.

사장은 취미와 운영은 다르다고 하였다. 변수가 많아 낚시터 운영을 하기 위해서는 늘 긴장하고 있어야 한다고 했다. 단골이요? 고기가 며칠 나오지 않아 보세요. 그때부터는 발그림자도 안 하는 게 낚시꾼들이에요. 얼마나 냉정한데요!

아니나 다를까. 내가 예상했던 대로 건너편에서는 곧바로 다투는 소리가 들렸다. 9번에 앉은 남자가 빠른 말투로 C를 나무랐다. 그러나 C도 지지 않고 대거리를 하고 있었다. 감때사납게 뻗대는 C의 목소리가 수면을 타고 건너왔다.

형씨가 여길 전세 낸 건 아니잖습니까?

여보세요, 그래도 낚시터 예의라는 게 있지!

그렇다면 여기에 왜 번호판을 붙였겠습니까?

번호판 하고 예의는 다른 거 아닙니까!

다르긴 뭐가 달라요? 이건 여기 앉아서 낚시해도 괜찮다는 표시예요!

C의 목소리가 점점 커지고 있었다. 결국 그 자리를 비집고 들어간 C가 지지벌개고 앉아 낚싯대를 펼치는 모양이었다. 9번 남자의 투덜거리는 소리가 몇 번 더 들린 뒤 수면은 다시 잠잠해졌다.

지루한 시간이 흘러가고 있었다. 시간이 지날수록 몸은 더 굳어갔다. 육십이 적은 나이가 아니라는 것을 실감할 수 있을 만큼 오금이 저리고, 허리가 켕겼다. 2시가 넘어가면서부터는 눈꺼풀까지 자꾸만 내려와 찌 불이 둘, 혹은 셋으로 보이기도 하였다. 건너편도 C가 건너간 후 입질이 끊어진 듯 조용했다. 이따금 C가 혼자 이 앓는 소리를 내고 있을 뿐이었다. 늘 그렇지만, 새벽을 기다리는 시간은 갈등을 불러오기 십상이었다. 여기서 그만 포기하고 대를 접을 것인가, 아니면 끝까지 버틸 것인가, 하는…….

그러나 아니었다. 길게 하품을 터트리며 어떻게 할까 잠시 망설이던 순간, 뜻밖에도 입질다운 입질을 목격하게 되었다. 거짓말처럼, 밤새껏 꼼짝 않고 있던 찌가 때마침 피어오르는 물안개를 뚫고 천천히 솟아오르고 있었다. 한눈에도 토종붕어의 전형적인 입질이라는 것을 알 수 있었다. 나는 숨을 멈춘 채 찌가 정점을 향해 다 솟을 때까지 기다렸다가 힘껏 챔질을 했다. 순간, 낚싯대가 포물선을 그렸다. 상대의 저항도 만만치 않았다. 꾹, 꾸욱, 꾹, 물밑을 향해 힘껏 몸통을 처박았다. 놈의 필사적인 몸부림으로 인해 팽팽하게 당겨진 줄에서는 어느새 피아노 소리가 들려오기 시작했다. 그러나 잠시 뒤 결국 항복한 놈은 순순히 뜰채에 몸을 맡겼다. 나는 붕어의 상태부터 살폈다. 붕어는 깨끗했다. 아까 것과는 달리 상처도 하나 없었다. 나는 붕어를 살림망에 집어넣으며 잠시 숨을 거칠게 몰아쉬었다. 그런데 거짓말 같은 현상은 그것으로 끝난 게 아니었다. 마치 붕어들이 한 줄로 도열을 한 듯 입질은 그 뒤로도 계속 이어졌다. 미끼를 갈아 끼우기가 바빴다. 찌가 서자마자 곧바로 두 마디나 세 마디, 또 어떤 놈은 거침없이 몸통까지 밀어올렸다. 챌 때마다 찌 불이 연신 공중에서 춤을 추었다. 쌍대를 보기가 어려울 지경이었다. 긴 기다림 끝에 얻은 희열. 그 기쁨이란 포기하지 않았다는 것에 대한 보상이기도 했다. 이거구나. 내 몸에서는 어느새 활력이 꿈틀댔다. 잠자고 있던 힘살이 되살아났다. 적어도 이 순간만큼은 무능하지도, 무력하지도 않았다.

조화는 조화였다. 정말 L의 말처럼, 물속의 일이란 예측할 수가 없었다. 누가 밤새 절망을 씹고 있던 자리가 이렇듯 살아날 것이라고 짐작이나 했겠는가. 찌는 잠시도 가만히 있지 않았다. 미끼를 던지기 바쁘게 춤을 추듯 솟고, 또 솟았다. 어둠에 싸였던 사위가 회색빛으로 바뀌고, 산마루 위로 햇귀가 비칠 때까지 계속 솟았다. 얼마나 채고, 챘는지 팔이 다 욱신거렸다. 저리던 오금도, 켕기던 허리의 통증도 사라진 지 오래였다. 밤을 꼬박 샜으나 웬일인지 정신은 찬물로 세수를 하고 난 뒤처럼 맑고 개운했다.

거 봐요, 사십사 번 자리가 명당은 명당이죠?

건너편에서 C가 부럽다는 투로 한 마디를 툭, 내뱉었다. 긴 턱을 비죽이 내민 그가 빨간 모자를 고쳐 쓰는 게 눈에 들어왔다. 그런데 그 사이로 갑자기 9월이 재계약 만료기한이라는 사장의 말이 뇌리를 때리는 것은 무슨 까닭일까.

날이 밝자 낚시꾼들은 하나둘 돌아갈 채비를 서둘렀다. 여기저기에서 피곤에 지친 목소리들이 들려왔다. 어딘가로 또 잠적하기 위해 시동을 거는 소리가 잦아졌다. 언제 일어났는지 남자가 어제와 같이 외발 짐수레를 쥔 채 관리실 앞에서 서성이고 있었다. 마른 허깨비 같기도 하고, 허수아비 같기도 한 그의 그림자가 잠시 수면 위에 일렁거렸다.

그때였다. 어디에서 날아왔는지 찌르레기가 또 어제처럼 탁한 소리를 지르며 돌아다니기 시작했다. 남자가 팔까지 저어가며 쫓아보았으나 찌르레기는 물러설 기미를 보이지 않았다. 나무와 나무 사이를 바쁘게 날아다니며 여전히 피를 토하듯 쇠를 갉아내는 것 같은 소리를 연신 질러대고 있었다.

슈윱, 슈ㅂ 슈슈슈슈 슈ㅂ 슈윱…….

7시. 더 뜨거워지기 전에 철수하기로 마음먹은 나는 이윽고 대를 접기 시작했다.

찌르레기는 내가 낚시터를 떠날 때까지도 쉬지 않고 울고 있었다.

그날 결국 나는 L을 만나지 못했다.

그러나 나는 실망하지 않았다. ■

정수남: 1945년 평양 출생. 1984년 〈서울신문〉 신춘문예 소설당선. 작품집으로는 『분실시대』 『시계탑이 있는 풍경』 『길에서, 길을 보다』 등과 장편소설 『행복아파트 사람들』, 시집으로 『병상일기』. 자유문학상, 대한민국 장애인문학상 수상. 일산문학학교 대표.

[수필]

아마라푸라의 나무다리를 그리며

-윈 마웅 씨에게

박 금 아

아직도 우기인가요?

이곳에도 비가 내리고 있어요. 빗줄기 속에서도 꽃을 피운 부레옥잠이 기억을 연보랏빛으로 흔들고 있네요.

생각나세요? 부레옥잠화가 피어나던 아마라푸라'의 나무다리 말이에요. 한국과 미얀마 문학교류 행사를 마치고 달려간 곳이었지요. 40도를 오르내리는 무더위에 일행들은 쉼터에서 눈바래기나 할 생각이었던 것 같습니다. 다리를 걷기로 한 사람은 당신과 나, 둘뿐이었지요. 초면인 당신과 왕복 2.4킬로나 되는 다리를 걸으려니 부담스러웠습니다.

얼마를 걸었을까요? 당신이 수필집 한 권을 내밀더군요. 아직 책이 없다는 내게 당신은 이야기로 듣고 싶어 하더군요. 내 수필을 말하려면 나의 어머니를 이야기해야 하는데 난감했어요. 어머니를 말로 표현

할 수 있을까요? 당신과 나 사이에는 언어 장벽까지 있는데 말이에요. 그런데 참 용해요. 금세 당신의 어머니 같다고 하더군요. 어릴 때 전쟁으로 아버지를 잃은 것, 아들을 얻기 위해 딸을 다섯이나 낳은 것, 지독한 시집살이를 하며 노동으로 자식을 길러낸 일까지 어찌 그리 빼닮았던지요?

신기하지 않나요? 일면식도 없는 먼 나라의 어머니들이 닮았다니요? 우린 한 어머니에서 태어난 오누이일지도 모른다는 생각을 했어요. 당신은 나의 막내 동생 쯤 되겠군요. 많은 작가들이 어머니를 이야기했지요. 글을 쓰는 일이 삶의 뿌리에 닿아 있다면 어머니는 존재의 근원이기 때문이 아닐까요?

1,086개나 되는 나무기둥들이 160년 동안이나 호수에 서 있었다고요? 당신은 어느 기둥 앞에서 걸음을 멈추었어요. 사백사십칠이라고 읽었던가요? 기둥마다 고유번호가 있다는 걸 알았어요. 그런데 그 글자가 숫자라니…. 아라비아 숫자만 생각했는데 신기했어요. 당신은 수첩을 꺼내 또박또박 써보여 주었어요. 아, 글자를 아래에서 위로 쓰다니요? 글자의 뿌리를 탄탄하게 하기 위해서라고 했던가요? 세상에…. 글자에도 뿌리가 있다는 말에 눈이 열리는 것 같았어요. 허긴 존재하는 것들은 모두 뿌리를 가지고 있지요. 나무기둥도, 어머니도요.

호수에 뿌리를 박고 선 기둥 하나하나가 세상의 어머니들처럼 보이기 시작했어요. 까막눈이인 내 눈에는 기둥의 글자들이 정순, 영자, 순덕…으로 읽혔어요. 호수에 선 후에는 물을 떠나보지 못한 티크나무 기둥처럼, 어머니는 어머니가 되면서부터 평생을 우기 속에서 보내야 했지요. 티크나무는 물속에 있을 때 더 강해진다던가요? 어머니도 우기의 시간 속에서 더 단단해졌던 것 같아요. 물살들은 다리의 근육이 되었나 봅니다. 어머니들은 모두가 '다리'가 아닐까요? 우리는 '다리' 를 거쳐 마른 땅으로 건너 왔고요. 사람들이 난간 하나 없는 그 나무다리를 두려움 없이 걸어갈 수 있는 이유도 바로 그 때문일 테지요.

호숫가 풀밭에 누워 있던 나무기둥이 떠오르네요. 생을 다하고 뽑혀 나온 것 같았어요. 바싹 마른 채로였어요. 움푹움푹한 구멍들이 팔순인 내 어머니의 다리 엑스레이 같더군요. 이승의 삶을 마감하는 날이면 어머니도 나무기둥처럼 젖은 삶을 훌훌 벗어던질 수 있을까요? 기둥의 발치에 부레옥잠화를 놓아주고 싶었어요. 뿌리를 호수에 두고도 꽃으로 피어났으니 더 큰 위로가 있을까요.

어머니의 지나 온 시간들이 다리 위에서 어른거리는 것 같았어요. 우리 앞에서 자주색 가사袈裟와 론지 자락, 맨발과 쪼리를 신은 발들이 뒤섞이며 걸어갔어요. 미얀마의 스님들은 맨발이어야 한다고요? 모든 것을 발로 행하라는 뜻이라고 하더군요. 수도승으로 살든, 세속을 살든 저절로 살아내어지는 삶이 있을까요? 나무다리 위에서는 론지와 가사 자락 모두가 한 권의 경전이었습니다. 끝까지 살아낸 모든 삶은 경전이 아닐는지요? 문학의 본질도 행함에 있다는 당신의 말에 나도 고개를 끄덕였어요. 그러나 쓰면 쓸수록 행함이 많아야 할 것 같아 절필을 생각한 적도 있다던 말에는 나는 우두커니가 되어야 했어요.

에멜무지로 떠났던 여행이었습니다. 겨르로이 노닐다 망고나 실컷 먹고 올 생각이었습니다. 그런데 난감하기만 합니다. 행함 없이 쓰는 것만으로는 문학이 될 수 없다 한 당신의 말은 이제 겨우 문단 말석에 이름을 올린 제게는 가혹하기까지 합니다.

여행은 돌아오는 것이 아니라 돌아오지 않는 것이라고 했던가요? 나는 아직 아마라푸라의 나무다리 위에 서 있습니다. 아참, 그 작은 새의 이름을 알 수 있을까요? 하얀 날개를 부레옥잠 위에 접어놓고서 호수

깊숙이 긴 목을 꽂아 넣던 그 노랑머리새요. 부디 안녕을!■

*아마라푸라;미얀마의 옛 수도. 만달레이 근교에 있다.

박금아: 삼천포 출생. 숙명여자대학교 불어불문학과 졸업. 2015년 『매일신문』 신춘문예 수필 당선. 해양문학상, 등대문학상 수상.

[수필]

선운사, 그 깊은 겨울소리가 나를 불렀다

정인순

칼바람 매섭게 휘몰아치며 살을 에는 한겨울이었다. 믿었던 사람에게 어처구니없는 배신을 당하고 그 아득함에 며칠 밤을 내내 뒤척였다. 세상 살다 보면 그럴 수도 있는 것 아닌가 하고, 잊어버리려했다. 다시 살아내면 되는 것 아닌가, 하고 떨쳐버리려 했다. 하지만 삶의 수양이 너무도 부족한 사람이어서인지 하는 일마다 도무지 손에 잡히지 않았다. 끊임없는 상념과 후회와 자책들이 억센 탱자나무 가시처럼 내 온 몸과 마음을 아리게 찔렀다.

'그 사건' 이 있은 후 어느 날 새벽, 헐렁한 가방을 덜렁 집어 들고 무작정 길을 나섰다. 너무도 불안정한 마음상태인지라 운전을 하면 사고가 날 듯 했다. 자동차는 집에 놓고 나왔다. 고속버스 터미널에 도착했다. 표를 파는 곳 앞에 서서 잠시 망설였다. 어디로 갈까? 물론 완전히 무작정 길을 나선 것은 아니었다. 바닷가에 사는 친구네 집, 이제는 구렁쑥 덤불 속에 누워계시는 아버지, 선운사…. 몇 군데 갈 곳을 생각했다. 오랜만에 아버지를 보러갈까 생각하다 그만 접었다. 오랜만에 뵙는 아버지에게 허물어질대로 허물어진 모습을 내 보일 수는 없다는 생각이 문득 들었다. 일단 광주光州로 가는 버스표를 끊었다.

이른 아침이어서인지 광주 가는 버스 좌석에 승객들이 다 차지 않았다. 내 좌석 번호가 있음에도 맨 뒷자리가 비어있어서 그쪽으로 가서 자리를 잡았다. 고속버스가 터미널을 출발하여 이내 서울을 벗어났다. 맨 뒷좌석 높은 곳이라 버스 안의 모습이 다 내려다 보였다. 일찍 움직여서인지 사람들이 다들 잠을 청하고 있었다. 내가 앉아 있는 곳에서 몇 좌석 앞에 한 여자가 하얀 은박지를 손에 들고 부스럭거리고 있었다. 조금 있으니 고소한 참기름 냄새가 뒤쪽으로 흘러왔다. 아마도 터미널 매점에서 사 들고 탄 김밥인 듯 했다. 문득 배가 고팠다. 생각해보니 며칠 째 밥다운 밥을 먹지 못했다는 생각이 들었다. 심한 허기가 몰려들었다. 하지만 굳이 무언가를 먹고 싶은 생각이 딱히 없었다.

광주光州에 도착했다. 서울을 떠나 광주에 도착할 때까지 이런저런 생각을 하다 선운사로 나의 발길을 결정했다. 터미널에서 바로 선운사禪雲寺가는 버스를 탔다. 광주를 벗어난 버스가 산과 들을 지났다. 차창 밖으로 보이는 낯설지 않은 풍경이었다. 광주에 살 무렵 자주 다니던 길이었다. 한겨울인데도 남녘의 날씨 때문인지 앙상한 나무들 사이로 가끔씩 푸릇한 풍경들이 보이는 것이 봄이 아주 멀리 있지는 않다는 생각을 했다. 다시금 참았던 허기가 급격하게 밀려들었다. 휴게소에 들리면 따뜻한 어묵 국물에 커피나 한 잔 마셔야지 생각했는데 버스는 내 마음과 달리 휴게소를 거치지 않고 선운사로 바로 내달렸다.

*

모멸감을 느꼈다. 살아오며 주변에서 보기와 달리 마음이 여리다는 소리를 많이 들었다. 그런 소리들의 깊은 바닥에는 사실, 한편 동정하고 한편 무시하는 눈초리가 겹쳐 있었다. 그런데 본인은 정작 그러한 것을 감지하지 못하고 살아왔다.

얼마 전, 오래 인간관계를 맺고 지내던 언니가 관공서 휴게실에 매점과 커피전문점을 할 수 있도록 다리를 놓아주겠다는 제안을 하였다. 이것저것 깊이 따지지 않았다. 오래 사귀어 온 언니의 제안이었고 나는 얼마 되지 않는 종자돈으로 노후에도 할 수 있는 사업 아이템을 찾고 있는 중이었다. 일이 진행되다 보니 처음의 생각과 달리 자금이 부족했다. 우리 가족의 터전을 담보로 하여 은행을 기웃거려 간신히 부족한 자금을 만들었다. 우여곡절 끝에 마침내 계약을 마쳤다. 한 푼이라도 아끼기 위하여 나도 직접 뛰어들어 잡일을 하며 매장 인테리어를 마쳤다.

드디어 매장 오픈이 얼마 남지 않은 시점에 애초에 사업을 제안한 언니가 나를 불렀다. 관공서와 무언가 일이 틀어져서 계약이 파기되었다는 것이다. 청천벽력 같은 소리에 나는 그만 하늘이 노래지는 것이 무엇인지 처음으로 경험해야 했다. 매장 인테리어까지 다 마쳤는데 무슨 소리냐고 했지만 이미 엎질러진 물이었다. 계약서상에 '원상복구'라는 조항을 되새겨 보여주었다. 설치한 매장 인테리어를 모두 철거하고 나가라는 최후통첩까지 받았다.

무너질 대로 무너진 몸과 마음을 이끌고 가진 돈 전부와 온갖 정성을 들여 꾸민 매장을 처음의 모습으로 허물었다. 그리고 얼마 후 그곳에 들렀다가 그만 나는 혼절한 지경에 이르고 말았다.

내가 떠난 그 자리에, 내가 하려고 했던 커피전문점이 버젓이 오픈

준비를 하고 있다는 소식이 들렸다. 당장 뛰어갔다. 아니, 나는 안 되고 이 사람은 되고, 도대체 나 대신 들어오는 사람이 누구이길래? 하며 관청에 담당자를 만나러 갔다가 언니를 만났다. 애초에 나에게 관공서 매장을 소개해 준 언니를.

"오랜만이네. 그 동안 뭐하고 지냈니? 연락도 안하고 말이야…. 어찌하다 보니 이렇게 됐어."

구석진 위치에 보잘 것 없는 공간을 내가 꾸며나가는 것을 보면서 언니의 생각이 달라졌다는 것을 깨닫기까지 그리 시간이 오래 걸리지 않았다. 나에게 아무 일도 없었다는 듯 천연덕스럽게 웃으며 말을 거는 그 사람을 바라보며 온 몸이 부들부들 떨렸다. 도저히 숨을 쉴 수가 없었다. 나의 모든 것을 앗아간 사람에게 무언가 말과 행동을 해야 한다는 생각과 달리 나는 태연한 말과 행동을 했다. 하지만 돌아서면서 나는 세상과 사람들 그리고 나 자신에게 극도의 배신감과 모멸감을 느껴야만 했다.

*

버스가 선운사 정류장에 도착하기 전 길가에 낯익은 풍천장어 가게들이 먼저 나를 반겨주었다. 차창 밖으로 즐비하게 늘어 선 장어집들에 오전나절인데도 벌써 손님들이 군데군데 들어차 있었다. 한참을 쳐다보다 문득 나도 모르게 미소가 떠올랐다. 살생을 금하는 유명 사찰 입구에 장어집들이 명물이라는 역설이 문득 나로 하여금 미소를 짓게 했다.

히터가 세게 틀어져 있던 버스에서 내리니 한겨울 찬바람이 얼굴을 거세게 때렸다. 선운사 일주문까지 가는 길목에서 관광객들을 상대로 빨간 복분자 주스를 팔고 있었다. 매표소를 지나 일주문을 향해 합장하고 대웅전 쪽을 향해 걸었다. 뒤에서 자갈들이 드글드글 하는 소리에 뒤를 돌아보니 승용차 한 대가 산 위쪽을 향해 가고 있었다. 도솔암을 가는 걸까 아니면 창담암을 가는 걸까? 그나저나 굳이 차를 타고 가야 할까? 딱히 거동이 불편한 이가 있다면 몰라도 여기서는 쉬엄쉬엄 걸어서 가는 것이 더 좋을 터인데. 이런 저런 생각을 홀로 하며 걷다보니 선운사 옆을 흐르는 맑은 개울물이 나타났다. 한겨울인데도 모두 얼지 않고 졸졸졸 흐르는 냇물 소리가 참으로 정겨웠다. 오랜만에 보는 개울가에 늘어서 앙상한 나무들도 한편 정겨웠다.

*

다시 이곳을 찾기 전 몇 년 전에는, 그러니까 내가 서울로 거주지를 옮기기 전에는, 매주 선운사를 찾아왔다. 일요일이면 도솔암을 찾아와 합장을 했다. 산 아래에서 도솔암까지 터벅터벅 걸어 올라가 108배를 하노라면 일주일여 쌓인 온갖 시름이 덜어지곤 했다. 그렇게 매주 찾곤 했던 몇 년 전 겨울 어느 날, 얼어붙은 산길을 조심조심 올라가고 있는데 뒤에서 인기척이 느껴졌다.

"인적도 없는 산길에 어인 일로 홀로 가시는지요?"

"도솔암 가는 길인데 스님은 어디 가시는지요?"

나이 드신 스님 한 분이 나처럼 홀로 산길을 올라오고 있었다. 합장을 하고 서로 덕담을 건네며 인사를 나누었다.

"제가 그 동안 다니던 절에서는 스님을 뵌 적이 없네요"

"저는 창담암에 기거하는데 한번 들러보시지요"

어쩐지 본 적이 없는 스님이다 싶었는데 창담암에 기거하는 스님이었다.

"창담암에는 국보가 있답니다. 몸이나 마음이 아플 때 불상에 자신의 아픈 부위를 만지면 효험이 있으니 들려보세요."

"네 스님. 조만간에 한 번 꼭 찾아뵙도록 하겠습니다"

창담암의 주지스님이셨다. 선운사 왕래를 10년 가까이 하고 신도증까지 가지고 있는 나였음에도 정작 말을 나누어 보지 않은 스님이었다. 나는 주로 도솔암을 다니는데, 도솔암 올라가는 길 오른쪽 길에 창담암 푯말이 있는 것은 알고 있었다. 그곳에 하안거와 동안거를 하는 스님들의 선방이 있다는 것은 알고 있었다. 요즘 같은 겨울철에는 선방에 스님들 해제기간이라 공양주보살님도 휴식에 들어가셨다고 말씀하셨다. 그런 까닭에 본 절에서 공양을 하여 다시 올라가는 중이라고 말씀하셨다. 중생이나 스님이나 허기진 배를 채워야하는 것은 우리 인간의 숙명이구나 하는 생각을 문득 하면서 스님에게 새삼 친근감을 느꼈다. 더불어 스님은 보살의 허허로운 마음을 읽으셨는지 아니면 말보시를 하시는 것인지 고요한 겨울 산길을 걸으면서 나에게 이런저런 푸근한 말씀들을 해 주셨다. 그래서 헤어지며 다시 한 번 언제 꼭 찾아뵙겠노라고 약속을 드렸다.

그 해 음력 설날 아침, 나는 창담암 주지스님과의 짧은 인연을 생각하며 중학생인 아들과 막내딸을 데리고 스님께 세배를 갔다. 설날 아침 낯선 방문객에 스님께서 깜짝 놀라셨다. 아이들의 세배에 스님께서는 미리 준비해 두셨던지 복돈이 든 봉투 두 개를 꺼내어 자식들에게 각각 나누어주셨다. 부처님께 삼배를 마치고 스님께 세배를 드리며 차담을 나누었다. 스님께서 대만에 계실 적에 지인들과 자주 드셨다는 우롱차를 우리시며 차보다 더 깊은 말씀을 내게 들려주셨다.

스님들 참선 중에 '개에게도 불성이 있는가' 에 관한 화두였다. 예전 당나라때 조주스님이 계셨다 한다. 조주스님께 어떤 스님이 물으셨단다.

"개에게도 불성佛性이 있습니까?"

조주스님께서는 그 물음에 없다고 하셨단다.

그러자 그 스님께서 또 물으셨단다.

"모든 부처에서 하물며 개미에 이르기까지 모두 불성이 있는데, 개에게는 어째서 없다고 하십니까?"

그러자 조주스님께서 말씀하셨단다.

"없는 것을 없다고 하지 그러면 나더러 어쩌란 말이냐."

그러자 어떤 스님이 또 물었다 한다.

"개에게도 불성이 있습니까?"

그러자 조주스님께서 이번에는 있다고 하셨다 한다.

그러자 물음을 던진 스님이 말했다.

"불성이 있다면 무엇 때문에 저 가죽자루 안으로 들어가겠습니까?"

그러자 조주스님이 말하셨다 한다.

"알면서도 스스로 그리한 것이다."

알듯 모를 듯한 화두를 내게 말씀하시며 스님이 허허 웃었다. 나도 스님을 따라 웃기는 했지만 가슴 속에 커다란 의문만 남았을 뿐이었다. 스님과 나의 차담을 들으며 재미가 없었는지 막내딸이 내 무릎을 베고 스르르 잠이 들었다. 아들 녀석은 창담암에서 사는 백구와 더불어 밖에서 노느라 한 번 나간 뒤로 들어올 생각을 하지 않았다. 스님의 눈썹에 하얀 눈송이가 내려앉은 것을 바라보면서 가슴 속으로 다시 한 번 되뇌었다. 개에게도 불성이 있는가….

*

허물어진 몸과 마음으로 산길을 오르면서 길가에 겨울나무들을 바라보았다. 한겨울 추위에 바짝 메마른 겨울나무들, 문득 바라보니 그 메마른 나무 틈바구니에서 새끼 손톱만한 싹이 보일 듯 말듯 고개를 내밀고 있었다. 봄이 아주 멀리 있지는 않구나 하는 생각을 다시금 했다.

도솔암과 창담암 사이의 갈림길에 섰다. 창담암 쪽으로 발길을 옮겼다. 사람들이 자주 찾는 도솔암 가는 길과 달리 창담암 가는 길목에는 눈이 그대로 쌓여 있었다. 걷다보니 발목까지 눈이 차오르고 있었다. 시기상 동안거에 들어가 수행중인 스님들께 누가 될까봐 한 걸음 한 걸음 조심스레 발길을 옮겼다. 사각사각 내 발소리에 놀랐는지 작은 산새 한 마리가 후다닥 날개짓하며 허공에 날아올랐다.

한참을 걸어 선방 입구에 다다라 가쁜 숨을 몰아쉬는데, 낡은 나무판에 씌여진 시구가 눈에 툭 들어왔다.

"오,"
"자네 왔는가. 이 무정한 사람아"
"청풍淸風에 날려 왔나, 현화現化를 타고 왔나."
"자네는 먹(?)이나 갈게,"
"나는 차茶나 끓임세."

이제는 허허롭게 웃으며 돌이킬지라도 생각해 보면 참 매섭고 무정한 겨울이었다. 세상과 사람에 대하여 특히 나 자신에 대하여 하마터면 끈을 놓아버릴 뻔한 시간들이었다. 개에게도 불성이 있는가 하는 스님의 화두를 잊어버리고 살았다면. 어느 날 나를 부른 선운사, 그 깊은 겨울소리가 아니었다면. ▪

정인순: 1964년 전남 나주 출생. 2017년 『창작21』 수필부문 신인상으로 등단. 평택대학교 도시부동산개발학과 4학년 재학. 평택인문학공동체 〈여럿〉산하 〈우리두리 도서관〉 관장.

들꽃시인선 013

역사의 정답

이기형 통일시집

분단이라는 처참한 현싯점에서 분단종식 즉 통일은 우리들의 최고목표 최고선이 아닐 수 없습니다. 역사가 거꾸로 흐르면 우리 문학인들의 고민은 더 커지고 창작은 한결 어려워집니다. 일제 식민지 36년이 우리 역사의 정도가 아니 듯이, 분단시대도 우리 역사의 정도가 아닙니다. 이 잘못된 역사를 바로 잡으려고 노력하는 것이 이 시대의 진정한 문학입니다. 문학은 그 시대 모든 전선의 첨병이기 때문입니다.

-자서 중에서

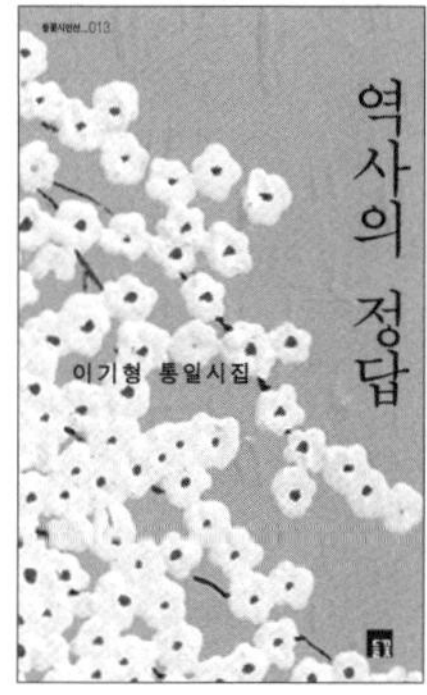

이기형 통일시집 | 300면 |
값 10,000원

시인은 자주가 실종된 조국에서 반외세와 자주 경제, 진보정치, 악법 반대를 줄기차게 외치고 있다. 또한 한국전쟁으로 산화된 억울한 주검들과 인혁당 사건에서 부터 미군 양민학살, 노근리학살, 최근의 평택 대추리 사건과 당신이 삶을 이승에 저당잡힌 동안 보고 체험했던 모든 역사적 사실을 시속에서 담담하게 또는 울분으로 토해내고 있다 .

- 이적 시인

이기형 시인은 한국 시문학사에서 통일의 노래를 가장 적극적으로 불렀다고 평가해야 될 것이다. 시인의 삶에서도 시작품에서도 확연하기에 우리는 시인의 시세계가 제대로 자리매김할 수 있도록 관심을 가져야 한다. 우리 민족의 최대 과제인 통일을 일관되게 노래한 시인의 업적을 결코 간과해서는 안 되는 것이다.

- 맹문재 시인

선생에게 있어서 문학이란 민족이 하나 되기 위해 부르짖는 소망의 노래이며 분단된 현실을 안타까워하는 비탄의 노래이고 탈식민주의를 향해, 혹은 파괴되어지는 자연적, 문화적 생태에 대해 일침을 가하는 비판의 목소리였다. 이 땅의 역사와 민족의 아픔에 대해 이렇게 당당하게 노래했던 시인이 얼마나 될까. 통일이라는 대명제 앞에 불굴의 의지를 갖고 꾸준한 목소리로 한결같이 노래했던 시인은 또 얼마나 있을까.

- 강영은 시인

시_

강준모 경희대 및 대학원 국문학과 졸업. 2017년 『창작21』 시부문 신인상으로 등단.
e-mail: kj903ys@hanmail.net

김 권 전남 장성 출생. 1992년 시집 『패랭이 꽃이 피면』으로 작품활동.
e-mail: poet704@daum.net

김성호: 1994년 계간 『시조문학』 천료. 2002년 『현대시』 등단. 시집 『소리의 하늘 』 『소리의 여행 』 『보도블록에 깃든 숨결 』 『연약함이 강함을 용서한다 』.
e-mail: symphonpoem@hanmail.net

김원희 1998년 계간 『불교문예』 희곡부문 신인상, 2012년 『창작21』 시부문 신인상으로 등단. 시집 『햇살다비』.
e-mail: mirmirw@hanmail.net

김은옥 2015년 『시와문화』 신인상으로 등단.
e-mail: indienk@hanmail.net

노명희 2015년 『참여문학』 시부문 신인상으로 등단.
e-mail: rmh0315@hanmail.net

문창길 1984년 『두레시』로 작품활동 시작. 시집 『철길이 희망하는 것은』.
e-mail: dlkot108@naver.com

박금란 1998년 전태일문학상, 2013년 정선아리랑문학상 수상.
e-mail: bknink@hanmail.net

여호진 2007년 『수필춘추』 수필부문, 2015년 『창작21』 시부문 신인상으로 등단.
e-mail: mly48@hanmail.net

염선옥 서울여대 영문학과 졸업 및 동대학원 영문학과 수료. 2017년 『창작21』 시부문 신인상으로 등단. 동국대대학원 문예창작과 전공과정 재학중.
e-mail: tell2000@naver.com

유나영 『한국시』로 등단. 시집 『만남의 강』 외, 시조집 『낮달의 여행』 외 다수.
e-mail: nayoung4628@daum.net

윤선길 장안대 문창과 졸업. 2011년 『창작21』 시부문 신인상으로 등단.
e-mail: baseysg@hanmail.net

이교상 2004년 〈서울신문〉 신춘문예 시조 당선. 시집 『긴 이별 짧은 편지』 『시크릿 다이어리』 『역설의 미학』 등과, 김만중문학상 외 수상.
e-mail: lks3493@hanmail.net

이광호 전남 고흥 출생. 2011년 『창작21』 시부문, 2015년 시조부문 신인상으로 등단. 시집 『ㄱ에 대하여』 『담아 두고 싶어서』.
e-mail: khl0554@daum.net

이미란 강원도 양구 출생. 1997년 『학산문학』으로 등단. 시집 『준비된 말도 없이 나는 떠났다』 『내 남자의 사랑법法』이 있음.
e-mail: ran8405@hanmail.net

이선유 충남 청양 출생. 2016년 『창작21』 시부문 신인상으로 등단.
e-mail: leesj4363@naver.com

이수진 전북 남원 출생. 동아대 국문과 졸업. 2017년 『창작21』 시부문 신인상으로 등단.
e-mail: tdesign71@naver.com

이승호 강원 춘천 출생. 2004년 『창작21』로 작품활동 시작.
시집 『어느 겨울을 지나며』 『행복에게 바친 숱한 거짓말』 외.
e-mail: nacham1@hanmail.net

이정희 2017년 『창작21』 시부문 신인상으로 등단.
e-mail: ljh652711@daum.net

임향자 충남 보령 출생. 2016년 『창작21』 시부문 신인상으로 등단.
e-mail: hyangjaim@hanmail.net

전금희 1952년 경기 강화 출생. 경기대 졸업. 중앙대예술대학원 시창작전문가 과정 수료. 2017년 『창작21』 시부문 신인상으로 등단.
e-mail: gllala1002@daum.net

채수원 대구 출생. 2015년 『문학세계』 시부문, 『현대수필』 수필부문 신인상 등단.
e-mail: schae@dreamwiz.com

채 원 충북 청주 출생. 〈국민일보〉 신춘문예 당선. 2016년 『창작21』 시부문 신인상으로 등단.
e-mail: churche@hanmail.net

최순섭 1978년〈시밭〉동인으로 작품 활동. 시집 『말똥,말똥』 등이 있음.
e-mail: css03@naver.com

최태랑 2012년 『시와정신』으로 등단. 시집 『물은 소리로 길을 낸다』.
산문집 『내게 묻는 안부』. 2014년 전국계간지 작품상 수상.
e-mail: ctr5555@hanmail.net

표규현 1955년 경기 남양주시 출생. 2017년 『창작21』 시부문 신인상으로 등단.
e-mail: giftmind@hanmail.net

소설_

김나영 1977년 대구 출생. 2016년 『작가연대』 소설부문 신인상으로 등단.
e-mail: bocheng88@naver.com

이용연 1950년 전남 무인 출생. 2017년 『창작21』 소설부문 신인상으로 등단.
e-mail: yy50k@hanmail.net

임철균 1964년 전남 광주 출생. 가톨릭대 국문학과 졸업. 동대학원 국문학과 박사 수료. 2017년 『창작21』 소설부문 신인상으로 등단. 박종철문학상 대상.
e-mail: berlin-angel@hanmail.net

정수남 1945년 평양 출생. 1984년 〈서울신문〉 신춘문예 소설당선.
작품집 『분실시대』 『시계탑이 있는 풍경』 『길에서, 길을 보다』 등과
장편소설 『행복아파트 사람들』, 시집으로 『병상일기』, 자유문학상,
대한민국 장애인문학상 수상.
e-mail: jjssnam@hanmail.net

수필_

박금아 삼천포 출생. 숙명여자대학교 불어불문학과 졸업.
2015년 『매일신문』 신춘문예로 등단. 해양문학상, 등대문학상 수상.
e-mail: ilovelucy@hanmail.net

정인순 1964년 전남 나주 출생. 평택대학교 도시부동산개발학과 4학년 재학.
2017년 『창작21』 수필부문 신인상으로 등단. 평택 〈우리두리 도서관〉 관장.
e-mail: jissb@naver.com

정기구독회원 신청안내

· 계간 〈창작21〉은 민족정신을 바탕으로 자주적 평화통일을 지향하며 생명사상과 환경문제에 남다른 관심을 갖고 이를 수준높은 문학예술로 승화시킨 작품을선보이고자 노력하는 국내유일의 통일, 생명을 다루는 문예지입니다.
· 계간 〈창작21〉는 문인과 독자 및 일반인들의 거리를 좁혀나가는 촉매 역할을 하고자 합니다.

정기구독 회원에게 드리는 특전

· 구독신청을 하신 분에게는 최근호와 함께 전호를 보내 드립니다.
· 〈창작21〉이 주관하는 모든 행사에 특별 초청합니다.
· 매호 발행 즉시 신속 정확하게 우송해 드리며, 구독기간 중 책값이 인상되더라도 추가부담을 드리지 않습니다.
· 주소가 변경되신 분은 즉시 연락주시기 바랍니다.

정기 구독료

· 〈창작21〉의 1년 정기구독료는 45,000원입니다.
· 〈창작21〉의 2년 정기구독료는 80,000원입니다.
· 우송료는 본지가 부담합니다. (해외구독은 추가부담)

온라인 계좌번호

· 국민은행 068801-04-065879(예금주/ 문창길)
· 농　　협 084-01-166765(예금주/ 문창길)
· 신한은행 355-02-144039(예금주/ 문창길)
· 기업은행 108-1081-0800(예금주/ 창작21작가회)

* 기타 문의 사항은 아래 전화 및 이메일로 연락주시기 바랍니다.
* 계좌 입금시 반드시 구독자 성명이 확인될 수 있도록 연락을 바랍니다.
* 책을 받으실 주소와 이름, 전화번호 등을 본지 독자관리부로 알려 주십시오.

100-273 서울시 중구 서애로 27(필동3가 28-1) 서울캐피탈빌딩 B202호 〈창작21〉 편집실
전화:02)2267-6833, 2273-1506(독자관리부)
E-mail:dlkot108@hanmail.net, dlkot108@naver.com

원고를 모집합니다

통일과 상생의 문학을 지향하는 계간 〈창작21〉은 사람중심주의와 민족, 민주, 평화 정신을 바탕으로 창작활동을 펼치고 있는 국내외의 모든 문학 예술인들에게 열린 지면을 제공해 드리고자 합니다. 이에 창조적이고 역량 있는 문학 예술인들의 귀중한 원고를 널리 모집합니다. 많은 관심을 바랍니다.

모집부문

시, 시조, 소설, 수필, 문학평론, 아동문학, 문화비평, 기타 창작품

참고사항

1) 작품 및 원고는 수시로 접수합니다. 본지 편집실 앞으로 우송 하시거나, 이메일로 보내주시면 됩니다.

2) 원고를 보내실 때는 본인의 약력, 사진, 주소 및 연락처, 이메일주소 등을 적어 보내 주시기 바랍니다.

3) 원고 및 작품은 반환의 책임을 지지 않습니다.

보낼곳

100-273 서울시 중구 서애로 27(필동3가 28-1) 서울캐피탈빌딩 B202호
〈창작21〉 편집실 앞
전화: 02) 2267-6833, 2273-1506 **팩스**: 02) 2268-7067
E-mail:dlkot108@hanmail.net, dlkot108@naver.com

시크릿 다이어리

이교상 시집

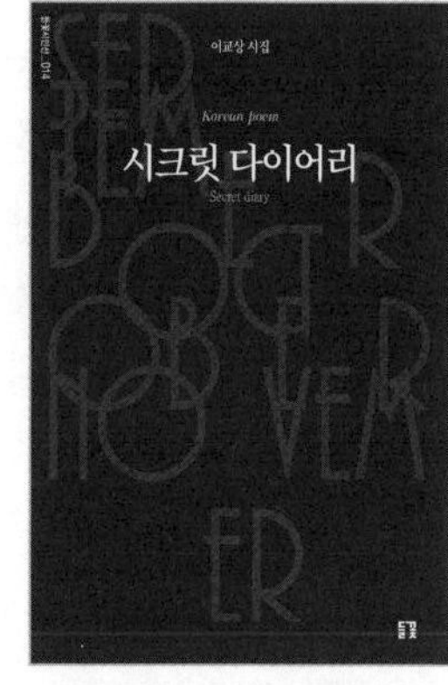

이교상 시집 | 116면 | 값 8,000원

그 간절한 마음이 아직도 우리들 삶의 중심에 존재하고 있는 것은 기적이다. 그것은 현재 조발성치매에 걸린 사람들을 치유하는 꽃이기도 하지만, 기형적으로 비대해지고 조악하게 권력화 된 문단의 그늘에 종속돼버린 시인들을 부끄럽게 지우는 태양이 될 것이다. 그리하여 막힌 혈穴을 찔러 검은 피를 뽑아내는 아린 침鍼이 될 것이다. 나아가 음흉한 마음을 숨긴 채 오로지 자신의 욕망을 위해 끊임없이 정치지향적인 성향을 띄고 있는 시인들을 호되게 매질하는 한 그루 물푸레나무가 될 것이다. 모든 예술은 편견의 속성을 지니고 있지만, 그러나 나는 삶의 중심이 아닌 언저리에서 꽃을 피우고 있는 인간의 진실을 경외하고 숭배한다. 그리고 가파른 언덕을 구르고 미끄러져 내리는 나무의 그림자들을 바라보면서 문득, 세상에 비주류로 살아가는 사람들이 이 땅의 가장 아름다운 필생이고 시인이라고 확신한다.

- 시인의 자전시론 중에서

경북 김천에서 태어나 고려대학교 대학원 문학예술학과를 졸업했다. 논문 「현대시조 형식 연구」 등이 있다. 1992년 〈新知性詩〉(신동집, 나태주, 김석규 심사) 신인상으로 시를 썼으나 절필. 그 후, 2004년도 〈서울신문〉 신춘문예에 시조가 당선되어 본격적으로 작품 활동을 시작했다. 시집 『긴 이별 짧은 편지』 등과 몇 권의 사화집 및 산문집이 있다. 한국문화예술위원회 창작기금, 천강문학상, 김만중문학상, 아르코문학 창작기금을 받았다. 현재 〈영언〉 동인과 계간 『창작21』 편집위원으로 있으며, 〈敎相學堂〉 시조아카데미에서 시조를 지도하고 있다.

들꽃 서울 중구 서애로 27(필동3가 28-1) 서울캐피탈빌딩 B202호. 전화:02_2267_6833, 이메일 : dlkot108@naver.com

착한 토끼

정대구 시집

정대구 시집 | 132면 | 값 8,000원

소시민이고 대시민이고간에
사람의 한 살이는 귀중하다.
나의 시는 나를 정직하게 증언하는
나의 분신으로서
나를 반성하고 성찰하는 마당이기도 하다.
이번 시집을 정리하면서 얻은 소중한 보람은
소소한 소시민의 애환 서린 당당함이다.
뭐가 부끄럽고 뭘 망설이는가.
당당하게 이제부터가 시작이다 하는 것이다.
- 시인의 말

선생님, 벌써 "가을" 이네요. 「짧은 가을」을 읽으면서 선생님의 감성이 여전하시다는 생각을 하게 되지만, 동시에 선생님의 건강이 염려되는 것도 사실입니다. 우철동 선생님, 부디 오래오래 건강하세요. 그래야 "눈부시게 밤새 눈이 내" 린 날, "차고 시린 깨끗한 시 한 편 낳" 을 수 있고, 그 "눈 다 녹기 전에/차고 깨끗한 시 한 편" 써서 후학들을 위한 글과 음성으로 남겨주실 수 있지 않겠습니까? 선생님의 마지막 시업과 그 시업으로 인한 생활에 "하늘에선 박수갈채가 쏟아지고" (「희망풍선」) 땅에서는 오래 꾸었던 꿈이 이루어지시기를 간절히 빌겠습니다.
- 이종섶 작품해설 중에서

서울 중구 서애로 27(필동3가 28-1) 서울캐피탈빌딩 B202호. 전화:02_2267_6833, 이메일 : dlkot108@naver.com

산그늘 꽃덤불

서영선 시집

서영선 선생은 한국전쟁 시기 어린 나이로 부모를 잃고 언니와 함께 소녀가장이 되었다. 동생들을 이끌면서 고학생활을 한 끝에 결혼도 하고 늦은 나이에 방송통신대학을 졸업하기도 하면서 시인으로 등단하였다. 이만하면 의지가 넘치지 않는가? 앞에서 말한 대로 한국전쟁시기 무고한 양민희생자의 명예회복을 위한 운동에 누구보다도 열성적으로 참여하였고 끝내 그 특별법 제정을 관철하였다.

- 이이화 역사학자

서영선 시집 | 124면 | 값 8,000원

2016년을 맞은 작금의 한반도에는 미국과 중국 사이 신냉전이 더욱 기승을 부리고 있다. 70년 전과 같이 미국은 북한을 빌미로 삼아 우리 땅 한반도를 또다시 미국의 신냉전전략아래 위험천만한 곳으로 내몰고 있다. 이를 두고 굳이 왕이王毅 중국 외교부장의 직격탄인 '항장무검 의재패공' 項莊舞劍, 意在沛公'을 굳이 들먹이지 않더라도 다 아는 사실이다. 우리 모두 제2의 서영선으로 거듭나 평화만들기와 역사바로세우기에 발 벗고 나서야 하지 않을까?

- 강정구 전 동국대 교수

서영선 시인은 역사의 기록자다. 과거의 역사를 보았고 그 역사의 현재를 기록하는 시인이다. 그 역사는 개인의 역사가 아닌 시대의 역사다. 긍정의 역사가 아닌 부정의 역사, 성취의 역사가 아닌 실패의 역사, 기쁨의 역사가 아닌 처절한 상처의 역사다, 그런 역사의 기록은 일반적으로 고통의 색채가 강하다. 짐짓 외면하면서 안으로 그 상처를 곱씹으며 살아가거나, 반대로 그것을 숨기면서 자신의 일만 하며 살아가기가 쉽다. 그런데 서영선 시인은 그 어느 쪽에도 해당되지 않는다. 서영선 시인이 『산그늘 꽃덤불』에서 보여주는 두 가지 태도는 역사를 잊지 않고 기억하는 것과, 그런 사람이 보편적으로 가지지 못하는 감정으로서의 행복이다. 이 두 가지는 서로 상반되는 것이기도 해서 하나 때문에 하나를 소유할 수 없기도 하고, 하나가 다른 하나를 침해해서 그 다른 하나를 함께 공존할 수 없게 만들기도 한다.

- 이종섶 작품해설 중에서